대동서,
**유토피아를
찾아 떠나는**
여행

마이클 02
대동서, 유토피아를 찾아 떠나는 여행

발행일 초판1쇄 2012년 11월 25 일 | **지은이** 김태진 | **펴낸곳** 북드라망 | **펴낸이** 김현경 | **주소** 서울시 종로구
사간동 69 영정빌딩 4층 | **전화** 02-739-9918 | **이메일** bookdramang@gmail.com

ISBN 978-89-97969-15-9 03150 | 이 도서의 국립중앙도서관 출판시도서목록(CIP)은 e-CIP홈페이지
(http://www.nl.go.kr/ecip)와 국가자료공동목록시스템(http://www.nl.go.kr/kolisnet)에서 이용하실 수
있습니다.(CIP제어번호: CIP2012005257) | **Copyright ©** 김태진 저작권자와의 협의에 따라 인지는 생
략했습니다. 이 책은 지은이와 북드라망의 독점계약에 의해 출간되었으므로 무단전재와 무단복제를 금합니
다. 잘못 만들어진 책은 서점에서 바꿔 드립니다.

책으로 여는 지혜의 인드라망, 북드라망 **www.bookdramang.com**

대동서,
유토피아를 찾아 떠나는 여행

결혼제도를 없애라!

국가를 해체하라!

캉유웨이의 저작

김태진 지음

BookDramang
북드라망

책머리에

대부분 여행을 좋아하실 거다. 나도 그렇다. 여행을 떠나기 전의 그 설레임과 두근거림. 새로운 장소, 새로운 사람들에 대한 기대감. 낯선 곳에서의 해방감 등등……. 여행은 이처럼 사람들을 누구나 어린아이로 만들어 버리는 마법이 있다. 그렇다면 여행의 이 마법 같은 힘은 어디에서 나오는 것일까? 아니 그보다 먼저 여행이란 무엇인지 생각할 필요가 있다.

'여행'이라는 글자를 보면 나그네 려旅 자에 갈 행行 자로 되어 있다. 좀 단순하게 풀어 보자면 '나그네가 되어 가는 길' 정도로 해석할 수 있다. 그렇다면 이는 새로운 장소로 가는 문제만은 아니다. 여행이란 단지 어딘가 낯선 장소로의 이동만이 아니라, 지금의 나를 둘러싼 것들에서 벗어난다는 의미가 크다. 따라서 이는 말 그대로 '나그네-되기'의 문제이기도 하다.

하지만 새로운 것들을 보고, 새로운 것들을 먹고, 새로운 것들을 만나는 여행을 할 때조차 원래 자기가 갖고 있던 생각과 시선만을 고수한다면 자칫 실망할 수 있다. "에이, 뭐 별거 아니네" 하며 그동안의 생각들로 재단해 버린다거나, "뭐야 이게" 하고 새로운 것들을 이해하려고 하지 않는 모습이 그렇다. 하지만 이런 여행이야말로 피곤한 여행이지 않을까? 자기가 아는 것들을 확인하고, 안도하고, "나도 거기 한 번 가봤어"라는 자족감만 줄 뿐.

그러나 여행이란 나를 변화시키는 것이다. 그리고 변화 속에서야 새로운 것들을 만날 기회가 생긴다. 그런 점에서 여행이란 익숙한 것들로부터 떠나 새로움을 찾는 과정, 그 속에서 변화하는 자신, 즉 '나그네'가 되는 과정이라 할 수 있지 않을까.

100여 년 전 중국의 한 지식인이 구상한 유토피아 이야기가 여기 있다. 그는 실제로 세계 곳곳을 돌아다니며 유토피아를 구상했다. 이 이야기 역시 지금의 시선으로 보자면 황당무계하고 말도 안 되는 이야기쯤으로 치부해 버리기 쉽다. 그러나 새로움이 주는 즐거움을 받아들일 자세만 있다면 이 책은 지금 우리에게 익숙한 것들로부터 벗어나 새로운 세상을 열어 보여 줄 것이다. 다시 한 번 말하지만 즐길 준비가 되어 있는 사람만이 여행을 즐길 수 있는 법이다!

이 책은 여행 안내서이다. 그가 구상한 '대동'大同이라는 유토피아로의 여행을 함께 떠나는 데 도움이 되고자 한 가이드북이다. 어느 여행길이나 마찬가지이지만 여행 가이드북이 주는 장점이 있다. 꼭 그대로 따라가야 할 필요는 없지만, 길을 잃지 않기 위해, 시간을 절약하기 위해, 혹은 남들이 잘 모르는 맛집을 찾기 위해서 등등. 물론 가이드북이 실제 여행을 대신할 수는 없다. 아마 어떤 나라에 대한 여행 가이드북만 읽고 그 나라를 가봤다고 생각하는 사람은 없을 것이다. 이 가이드북 역시 그의 생각들의 전체를 보여 주지는 못할 것이다. 또 다들 경험해서 알고 있듯이 여행을 하다 보면 가이드북만 믿고 가다가 중간에 길을 잘못 들기도 하고, 실제 장소에 가보면 책에서 본 것과는 전혀 다른 느낌이 들기도 한다. 이 가이드북도 어쩌면 실망감을 줄 수도, 혹은 기대치 못한 즐거움을 줄 수도 있다.

그러나 이 책이 단지 여행 가이드북에 그치는 것을 목적으로 쓰여진 것은 아니다. 오히려 이 여행을 통해 각자가 또 다른 새로운 여행 계획서를 쓰고자 하는 데 초점이 있다. 왜냐하면 여행 가이드북은 항상 새롭게 쓰여져야 하기 때문이다. 그것이 자신에게 맞는 것이 되려면 늘 '지금, 여기'의 시점에서 다시 써야 한다. 여행 가이드북이 항상 개정판이 나오는 것처럼, 그리고 하나의 여행 가이드북만이 있는 것이 아닌 것처럼, 우리는 각자에게 맞는 여행 가이드북을 만들어야 하는 것이다. 이 책이 자신만의 유토피아를 상상하고, 그 길로 향해 지치지 않고 각자의 꿈을 실행해 나가는 데 작은 선물이 되길 바랐다.

마지막으로 한마디 덧붙이자면 이 책은 나 혼자만의 여행이 아니라 함께 가는 벗들이 있어서 가능했다. 모든 여행이 그렇지만 아무리 좋은 장소라도, 아무리 좋은 음식이 있더라도 친구가 없다면 재미없는 법. '마이클'이라는 시리즈를 내기로 결심하고 우리들은 매주 만나 여행을 즐겼다. 한 주는 캉유웨이가 그리던 유토피아로, 다른 한 주는 융이 환자를 치료하던 병원으로, 다음 주에는 양명과 그의 제자들이 강론을 펼치던 공간으로! 그러면서 우리들은 실제로 여행을 떠나는 기분으로 함께 이야기를 나누고, 글을 쓰고, 토론하고, 또 다시 고쳐 쓰기를 반복했다. 물론 여행 도중에 몇 번이나 포기하려고 했던 때도 많았다. 그때마다 내 짐을 대신 짊어 주고, 갈 길을 독촉해 준 여러 길벗들이 있었다. 부족하나마 나의 여행이 이렇게 책으로 나오게 된 것도 모두 그 벗들 덕택이다. 그동안의 여행에 함께한 모든 도반들에게 감사를 전한다. 그리고 앞으로 있을 즐겁지만 고된 여행길을 함께함에도 미리 감사를 전한다.

여행을 떠나기도 전에 서론이 너무 길었는지도 모르겠다. 자, 그럼 다들 여행 떠날 준비가 되셨는지? 이제 출~발~!

차례

세번째 여행

인종을 넘어 '차이 없는'(同) 유토피아로

Outro

또 다른 여행 : 다시 대동으로!

일러두기

1 이 책에 인용된 캉유웨이(康有爲)의 『대동서』(大同書) 번역은 이성애 옮김으로 2006년 을유문화사에서 간행된 국역본을 따랐습니다. 처음 인용되는 곳에 서지사항을 밝혔으며, 이후 『대동서』가 인용되는 곳에는 책명과 쪽수만으로 간략히 표시했습니다.

2 『대동서』를 제외한 다른 서지에서 인용하는 경우, 해당 서지가 처음 나오는 곳에 지은이, 책명, 출판사, 출판 연도, 인용 쪽수를 모두 밝혔으며, 이후에 같은 책을 다시 인용할 때는 지은이, 책명, 인용 쪽수만으로 간략히 표시했습니다. 예시 : 장자, 「대취」(大取)편, 『묵점 기세춘 선생과 함께하는 장자』, 기세춘 옮김, 바이북스, 2009, 120쪽 // 장자, 『장자』, 120쪽

대동서,
유토피아를
찾아 떠나는
여행 출발~!

Intro
『대동서』 맛보기

장면 1. 결혼제도를 없애고 계약동거로! 모든 아이는 보육원으로!

남녀의 결혼은 모두 본인 자신의 선택에 의한다. 마음과 뜻이 서로 맞으면 계약을 맺으니 '좋은 사귐_好의 약속'이라 부르며, 부부라는 옛날 명칭으로 부르지 않는다. 남녀는 이미 평등하고 독립적이므로 그 사귀고자 하는 약속은 마치 두 나라 사이의 평화조약처럼 어느 한쪽이 가볍거나 무겁거나, 높거나 낮거나 하는 차별이 없다. 만일 높고 낮은 차별이 있다면 한쪽이 종속되게 되니 계약이라고 할 수 없다. 현재의 결혼제도는 천부인권과 평등독립의 뜻에 어긋나며, 남성만 높고 여성은 낮다는 식으로 나아가기 쉬우므로 정부는 마땅히 이를 엄격히 금지하고, 다만 친구 사이의 교제같이 되도록 해야 한다. 남녀의 계약은 마땅히 기한이 있어야 하며, 평생 동안의 약속은 있을 수 없다. …… (왜냐하면) 누구나 다 약속하기는 쉬우나 오래도록 지속하기는 어렵다. 서로 맞지 않는 사람들을 억지로 같이 살게 한다면 서로 만나도 말도 하지 않고, 혹은 평생토록 따로 살거나, 혹은 서로 미워해서 갈라지고, 혹은 은밀히 상대를 해칠지도 모른다. 그리하여 억지로 평생을 같이 살게 해서 평생을 고생 속에 지내거나 혹은 목숨마저 잃게 하는 일이 주변에 얼마든지 있다. …… 뿐만 아니라 보통 사람이란 다른 얼굴을 보면 마음도 달라지는 법이고, 오래되면 싫증이 난다. 그래서 새로운 상대를 바라게 되며, 아름다운 상대를 좋아하게 마련이다. 예전에 계약하여 이미 훌륭한 상대를 얻었다고 하더라도, 그 뒤에 재능과 학식이 높고 모습이 아름다우며 성품이 온화하고 부자인 상대를 만나게 되면 반드시 흠모하는 마음이 생기고, 상대를 바꾸어 교제하기를 바랄 것이다. 그리하여 상대를 만남에 따라, 또 세월이 흘러감에 따라 좋아하는 사랑의 유형이 달라질 것이므로, 반드시 그 욕구를 좇아 과거의 그 사람을 버리고 새로운 사람을 얻고자 할 것이다. …… 혼인의 기한은 길어도 1년을 넘지 못하고, 짧아도 1개월을 채우도록 한다. 서로 뜻이 맞으면 계속적인 계약을 허락한다. **캉유웨이, 『대동서』, 이성애 옮김, 을유문화사, 2006, 395~401쪽. 번역 일부 수정.**

결혼제도를 없애고 계약동거로! 자유연애주의자 혹은 어느 페미니스트의 선언문이냐고? 아니다. 무려 100년 전 이야기다. 그것도 유럽 어디, 프랑스 파리 같은 데서 나온 이야기가 아니라, 여성억압의 상징인

전족이 유행하던, 아직 자유연애는 서양의 번역소설에서나 구경할 수 있었던 중국에서 나온 이야기다. 결혼이 아니라 자유로운 계약동거로, 그것도 1년 남짓의 계약으로! 왜냐? 오래 살면 싫증나게 마련인데 기한을 길게 잡으면 억지로 같이 살아야 하기 때문이란다. 결혼이라는 제도에 구속되어 마음에 안 맞는 상대와도 어쩔 수 없이 같이 살아야 하고, 그러다 보니 평생을 미워하며 살게 된다는 것이다.

결혼제도를 폐지해야 하는 또 다른 이유는 사람이란 원래 누구나 새로운 상대를 바라게 마련이기 때문이다. 같은 상대라도 오래되면 싫증이 나는 건 당연한데, 하물며 지금의 상대보다 더 좋은 상대를 만날 가능성도 있지 않은가? 이쯤 되면 "결혼은 미친 짓이다"라는 문구가 생각날 법도 하다. 뭐, 하긴 주변의 많은 부부들을 봐도 그렇게 틀린 말은 아닌 것 같다.

길고 긴 인생을 한 사람과 평생을 함께해야 하는 의무로 구속되는 것, 누구나가 다 결혼을 앞두고 불안해하는 바이다. "인생에서 단 한 번의 선택인데, 잘못 선택할 수는 없지. 신중에 신중을!" 그래, 그런데 왜 결혼에 평생이라는 기한을 두어야 하는 걸까? 물론 이혼하는 방법도 있지만 그건 결혼이 깨지는 것이라고 생각하지, 새로운 결혼의 시작이라고 생각하지는 않는다. 그래서 보통은 검은 머리 파뿌리 될 때까지 버티고 버틴다(?). 결혼이라는 제도에 묶여 새로운 사랑이 와도, 그 사랑은 억압되어야 하는 한순간의 불순한 바람기로 치부된다. "바람아, 멈추어다오~"

물론 이러한 급진적 사고가 지금과 같이 가족주의를 기반으로 하는 사회에서 가능할 것 같지는 않다. "다 좋은데 매번 새로 계약을 맺어 다른 사람하고 살면 그 사이에서 태어난 아이들은 어떻게 할 건데? 늙어서 노인이 된 때에는 누가 보살펴 주는데? 응? 응?" 하지만 걱정들 붙들어 매시라. 우리가 살펴볼 이 사람, 대안까지 다 생각해 놓고 있다. 태어나서 죽을 때까지 출산, 탁아, 교육, 의료, 양로, 장례 등의 기본적인 생활의 문제는 모두 공적으로 이루어지면 된다는 것이다. 공립유아원부터 시작해서 공립양로원까지! 말 그대로 '요람에서 무덤까지' 공적 시설들이 다 책임진다. 아이들은 태어나서부터 공공시설에서 길러진다. 물론 부모가 보고 싶을 때는 찾아가서 만나면 된다. 늙어서도 정부가 다 알아서 보장해 주니 굳이 지금처럼 효도를 강요하는, 의무로서의 가족공동체는 서로에게 번거로울 뿐이다.

　　그것뿐만이 아니다. 부부관계로만 제한되지 않는 자유로운 남녀관계뿐 아니라 심지어 동성연애까지 공공연하게 인정한다. 옛날에 동성연애를 금지한 것은 인구가 줄어들까 걱정하여 그런 것일 뿐이니, 이제는 이성애든 동성애든 차이를 두어서는 안 된다는 것이다. 이런 급진적인 발언들을, 그것도 전통사회에서 유학을 배운 사람이 했다니. 와우! 이만하면 요즘 나오는 어떤 급진적 남녀관보다 더 구체적이고, 성정치적으로도 더 바람직(?)한 남녀관이지 않은가!

　　상상해 보시라. 좋아하는 사람과 살다가, 기간이 되면 자연스레 헤어지고, 또 다른 사람과 만나서 살고. 생각만 해도 즐겁지 아니한가! 뭐, 나만 그렇다면 죄송하지만 말이다. 이 사람 엄청난 바람둥이였을 것 같다고? 하지만 꼭 바람둥이가 아니라도 한 번쯤 꿈꿔 볼 수 있는 세상 아닌가? 자, 이런 말을 한 사람이 누군지 궁금해지지 않으셨는지?

장면 2. 경쟁을 넘어서라! 약육강식의 세계를 벗어나라!

국가가 생겨 자기 나라를 위해 다른 나라와 전쟁을 벌였으며, 종족이 있음으로 해서 자신의 종족을 위해 다른 종족을 죽였다. 강한 자가 약한 자를 정벌하고, 용맹으로 타인을 억누르며, 술수로 어리석은 자를 속이며, 무리를 지어 적은 수에게 횡포를 부린다. 다윈처럼 그릇된 생각을 갖고 하나를 알아도 반밖에 이해 못하는 자가 진화론을 만들어서 하늘이 그렇게 하는 것이라 하여 사람들로 하여금 경쟁을 당연한 것으로 여기게 하였다. 고금을 통틀어 세계 공공에 가장 해로운 경쟁이 세월이 흘러도 그대로 행해져 현인賢人들도 모두 당연하게 받아들여 그것을 부끄럽게 여기지 않게 되었다. 그 결과 온 천하는 모두 냉정한 세상이 되어서 큰 죄악을 저지르고 있다. …… 대동세에서는 종족이나 국가가 없이 모두가 같은 동포다. 경쟁이란 다른 종족, 국가 사이에서는 부득이하지만 동포 간에는 큰 해가 되는 것이니 어찌 이런 해로운 씨앗을 세계에 뿌릴 수 있겠는가! 거란세에는 사람은 자신을 위해 경쟁하지만, 태평세의 사람들은 도량이 넓고 이성과 상식을 가지고 있으므로 남이 내게 해를 끼치지도 않고 나도 남에게 해를 주지 않는다. 그러므로 대동세에서는 남을 자기 자신처럼 여기며 경계를 두지 않는다. 재화를 그냥 땅에 버려둘 수 없다고 해서 반드시 자기가 저장해 두려고 하지 않으며, 또한 일을 할 수 있는 능력이 자신에게 있지 않으면서 반드시 자기만이 그것을 해야 한다고 하지 않는다. 이때가 되면 경쟁이 가장 나쁜 것이 되어 아주 없어지게 된다. 경쟁은 다만 어짊과 지혜를 다투는 데만 있어 스승에게도 양보하지 않는다. 「대동서」, 644~645쪽

국가도 민족도 없다. 온 세상이 모두 같은 동포다. 그러니 국가나 민족으로 경계를 나누어서 서로 잡아먹을 듯이 싸우지도 않는다. 물론 이론상으로는 좋지만 이게 어떻게 가능하냐고 물을지도 모르겠다.

하지만 자기 국가의 이익을 위해서라면 다른 국가와의 전쟁쯤은 하나의 옵션으로 생각하는 지금, 자기 민족을 위해서는 다른 민족을 죽이는 일이 다반사인 세상에 아무런 문제도 못 느끼는 우리가 외려 어딘가 이상한 것이 아닐까? 그러나 이러한 국가주의는 일부 소수 국가주의자들만의 문제만은 아니다. 나라 경제가 힘든데 무슨 파업이냐고 생각하는 것이 비단 국가주의자들만의 생각일까? 자국의 경제적 이익을 위해서라면 다른 나라의 노동자들의 삶은 어떻게 되든 상관없다는 태도는 과연 정당한 것일까? 그런 점에서 우리 모두 보이지 않는 국가라는 경계에 사로잡혀 있는 것은 아닐까? 그만큼 국가라는 경계는 우리를 의식

적으로, 무의식적으로 지배하고 있다.

하지만 우리는 아직 '국가의 시대'에 살고 있다. 좋은 국가, 나쁜 국가의 구도 속에서 나쁜 국가를 비판할 수는 있지만, 국가라는 틀 자체를 넘어서서 사고하기는 아직 쉽지 않다. 이 글이 나온 당시에는 더 말할 것도 없었다. 근대 민족국가를 건설하는 일, 그것이 그 시대의 지상 최대의 과제였고, 절체절명의 숙제였다. 당시 지식인들은 국가 의식의 부재야말로 동아시아 여러 나라들이 서양에 비해 뒤처진 이유라고 생각했다. 이때 근대 민족국가란 국가를 단일한 집합체로 여기고, 다른 국가들과의 경쟁 시스템을 기본으로 한다. 그렇기 때문에 안으로는 계급이나 신분에 상관없이 하나로 똘똘 뭉쳐야 하며, 밖으로는 다른 나라와 경쟁해서 싸워 이겨야 했다. 근대 국가 건설을 향해 앞으로 나가거나 아님 망하거나! 그 길 외에는 다른 선택지는 없었다.

그러나 따지고 보자면 이는 국가 간 경쟁의 문제만은 아닐지도 모른다. 지금 우리의 삶은 어떤가? '전쟁 같은 삶'이 단순히 비유만이 아닌 게 지금의 현실이다. 입시전쟁! 진학전쟁! 취업전쟁! 등등. 언제나 우리들은 경쟁에서 뒤떨어지지 않기 위해 발버둥친다. 요즘 대세인 오디션 서바이벌 프로그램에 등장하는 출연자들의 이야기가 남 이야기로만 느껴지진 않는 이유도 이런 면이 있기 때문은 아닐까? 푸코라면 이렇게 불렀으리라. 경쟁 하나만이 모든 척도가 되어 버린 경제적 인간 '호모 이코노미쿠스'의 등장!

이렇게 신자유주의에서 경쟁은 유일한 삶의 보편적 원칙으로 자리 잡게 되었다. 그것도 절대 변경 불가능한, 지고지선의 원리로! 하지만 그는 경쟁만을 부추기는 진화론이란 한마디로 무지의 산물이라고 일갈한다. 그는 주저없이 말한다. 미래의 세상이 되면 종족이나 국가가 사라진다고. 경쟁도 사라진다고. 강자가 약자를 집어삼키는 세상이 당연한 것만은 아니라고! 미래는 살아남기 위해 남을 밟고 일어서는 것이 아니라, 남을 자기 자신처럼 여기는 세상이다. 돈에 목숨을 걸며 한 푼이라도 더 벌어 자기 것만 챙기려는 것이 아니라, 재화가 넘쳐나도 저장할 필요도, 자기의 것으로 하고자 하는 생각도 없는 세상이다. 다만 지혜의 경쟁만이 있을 뿐! 자, 이런 말을 한 사람이 누군지 더더욱 궁금해지지 않으셨는지?

장면 3. 모든 털을 깎아 버려라! 모두가 아름다운 대동의 세계!

대동세에는 머리카락부터 수염, 눈썹에 이르기까지 모두 깎아 버린다. 온몸의 모든 털을 다 깎되 오직 코털만은 먼지와 더러운 공기를 막기 위해 약간 남겨 둔다. 사람의 몸은 깨끗해야 하므로 털은 모두 소용이 없다. 새나 짐승은 온몸이 털로 덮여 있고 야만인의 몸에도 털이 많으나, 문명인은 그렇지 않다. 태평세의 사람은 가장 문명화되었으므로, 모든 털을 없애 버려 몸을 깨끗하게 한다. 털이 많은 사람은 짐승과 멀지 않고, 털이 적은 사람은 짐승과 멀지만 짐승과 완전히 떨어진 것은 아니며, 오직 털이 없는 사람만이 최고의 문명인이다. …… 미래에는 한 번만 바르면 다시는 수염과 머리털이 나지 않으며, 또한 사람에게도 해가 되지 않는 약이 발명되어서 수염과 머리털은 모두 없어지게 될 것이다. 문명이 발전한 태평세에서는 반드시 이런 묘약이 있어 하나의 털도 남지 않을 것이다. 수염과 눈썹은 특히 보기에 지저분하므로 모두 마땅히 없애야 한다. 이리하여 사람들에게서는 남녀를 막론하고 모두 좋은 냄새가 나게 되며, 매일 몇 차례씩 목욕을 하므로 몸도 깨끗하고 향기가 나서 깨끗하고 아름답게 될 것이다. 이것이 오랫동안 계속되어 대대로 전해지면 인간은 향기롭고 깨끗하게 될 것이다. 『대동서』, 671~672쪽

미래는 깨끗한 세상이다. 지저분한 것 하나 없는. 그래서 인간에게조차 털오라기 하나 없다. 미래 문명의 세계에서 털은 불필요할 뿐이다. 단, 더러운 공기를 막기 위한 코털만 빼고.^^ 짐승들은 온몸이 털로 덮여 있고, 야만인들도 털이 덥수룩하지만, 문명인에게 털은 문명화되지 못했다는 증거에 불과하다. 따라서 한 번 바르면 다시는 나지 않는 약으로 수염과 머리털은 모두 밀어 버린다.

그때가 되면 세상에는 모두 향기롭고, 아름다운 사람들만이 남게 된다. 난초와 같이 향기로운 냄새가 나고, 얼굴빛은 복숭아같이 붉게 윤이 나며, 꽃과 같이 아름답고, 거울과 같이 광택이 나는! 심지어 오늘날의

미인도 미래의 못난이에 비할 바가 아니란다. 절세 미남미녀들의 세계! 물론 막상 털이 하나도 없는 미남미녀를 떠올리기가 쉽지는 않지만.

이뿐만이 아니다. 이 세상에서는 지구상의 사나운 짐승도 모두 사라진다. 구경거리로 동물원에 고이 모셔져 있기는 하지만, 세상에는 다만 길들여진 짐승들만이 사이좋게 뛰놀 뿐이다. 성경에 나오는 이리와 어린 양이, 표범과 어린 염소가, 송아지와 어린 사자가 함께 뛰노는 지상 낙원이 이런 모습일까?

또한 모든 것이 깨끗하기 때문에 질병이라고는 찾아볼 수 없다. 인간들은 모든 질병으로부터 자유로우며, 설사 상처가 나더라도 약 한 번만 쓰면 모두 낫는다. 그저 인간은 편하게 유유자적하며 좋은 옷과 좋은 음식을 즐기면 된다. 남는 시간에는 신선술 같은 것을 연구해 음식을 먹지 않고도 연명하고 허공을 날아다니며 즐겁게 노니는 일도 가능해진다. 이것이 좀더 수련이 되면 빛과 전기를 타고 기를 조절해서 지구를 벗어나 다른 별로 갈 수도 있고!

어떤가? 세 장면들을 본 소감이? 이만하면 가히 유토피아라고 부를 만한 세상 아닌가? 그런데 뭔가 좋은 것 같기도 하면서 약간 이상하기도 하고 애매~하다고? 자, 그럼 이렇게 황당한 이야기를 하는 사람이 도대체 무슨 근거로 이런 이야기를 하는지 완전 궁금해지지 않으셨는지? 그것도 100년 전 중국에서.

그렇다. 우리가 볼 이 사람, 캉유웨이康有爲라는 인물이다. 그리고 이 내용들은 그가 쓴 『대동서』大同書라는 책에 실려 있다. 자세한 내용은 차차 살펴보기로 하고, 간단하게 대동의 세계를 그려 보면 이러하다.

먼저 대동의 세계에서는 국가를 없애고, 세계 전체에 하나의 총정부와 세계를 똑같은 크기로 나누어 그 밑에 구區정부를 둔다. 전 세계가 하나의 국가로 통일되었기 때문에 지금과 같은 국가 간 경쟁이나 전쟁은 사라진다. 물론 이때 총정부와 구정부는 백성이 선출하되 어떤 한 사람이 다스리는 것이 아니라 의원들이 공동으로 통치한다.

대동의 세계에서는 국가만이 없어지는 것이 아니라 가족 역시 없어진다. 자기 가족만을 소중히 여기는 것이 모든 경계의 시작이기에 대동 세계에서 가족은 사라져야만 한다. 가족을 없애기 위해서는 결혼이라는 제도가 가족의 기본이기 때문에 결혼제도를 없애고, 1년의 계약동거만 허용한다. 가족이 사라진 대신 임신한 부녀자는 태교원에 들어가 아이를 낳고, 여기서 태어난 아이는 육아원에서 자라 나이에 맞춰 유치원 및 각급 학교에 들어간다. 이미 가족이 없기 때문에 이 모든 일은 정부가 담당한다.

그리고 성인이 되면 정부의 지시에 따라 생산사업에 파견되어 일을 한다. 생활은 공공 기숙사와 공공 식당에서 생활하며, 각각 얻은 수입으로 자유로이 생활할 수 있다. 병이 들면 병원에 들어가 요양하고, 늙으면 양로원에서 다 보살펴 준다. 이 태교원, 육아원, 유치원, 병원, 양로원의 모든 시설은 각 지역 최고의 설비와 최고의 안락함을 제공한다.

이런 식으로 그는 고통을 낳는 9가지의 경계九界가 사라진 세계로 대동의 세계를 구상한다. 국가 분별의 경계國界, 계급 분별의 급계級界, 인종 분별의 종계種界, 남녀 성별의 형계形界, 가족 분별의 가계家界, 직업 분별의 업계業界, 정치 모순의 난계亂界, 생물종 분별의 유계類界, 욕구 불만의 고계苦界가 바로 그것이다. 이 경계들이 사라진 유토피아가 대동의 세계였다.

자, 어떤가? 100년 전 동양에서도 이런 생각을 한 사람이 있었다니 놀랍지 않은가? 그러나 더 놀라운 것은 그가 이걸 무슨 SF소설쯤으로 생각한 것이 아니라는 점이다. 실제로 그는 전에 써 두었던 『대동서』를 1919년에 출판하며 「서문」에서 이렇게 감격을 적고 있다. "이 글을 지은 지 35년이 지난 오늘, 국제연맹이 설립되었으니 대동을 실행함을 친히 볼 수 있게 되었도다!" 이제야 비로소 진정 자신의 계획이 실현될 날이 머지않았음을 확신했던 것이다. 아니 도대체 어떤 사람이길래 이런 생각을 한 걸까? 자, 그럼 이제 본격적으로 대동의 세계로 여행을 떠나 보자.

18세기는 서양에 경제·사회적으로 대대적인 변화가 일어났던 시대였다. 이러한 경제·사회적인 변화는 안으로는 새로운 정치체제를 구축하게 했으며, 밖으로는 과학의 발전 및 기술혁명과 맞물려 서양의 대외활동을 적극적으로 뒷받침해 주었다. 이로써 19세기는 지역적으로 유럽에만 국한되어 있던 서구 국제질서가 공간적으로 확대가 이루어진 시기였다.

그러나 중국은 이처럼 급속하게 일어나는 서양의 변화를 이해하려 하지 않았다. 아니, 알 필요가 없었다고 말하는 편이 더 정확할지도 모른다. 중국은 그동안 한 번도 문명의 중심으로서의 위치를 잃은 적이 없었기 때문이다. 이러한 중심으로서의 자부심은 중화체제를 유지하는 근간이기도 했다. 비록 그 땅을 다른 이민족이 잠시 차지하고 있었던 때도 있었지만, 그때조차도 중심은 항상 그들에게 있었다. 문명으로서의 중심은 흔들릴 수 없는 불변의 것이었다.

이는 18세기 들어서도 마찬가지였다. 최후의 번영기로 평가되는 중국의 18세기는 정치적 안정과 경제적 번영을 통해 학술·문화적으로 큰 발전을 이루어 냈다. 그리고 이는 전통적 화이관華夷觀을 강화시키는 결과를 낳았다. 그 결과 중국은 서양을 이해하지 못한 상태에서, 그들이 오랑캐夷라 생각해 왔던 서양의 충격 아래 19세기를 맞이하게 된다.

그러던 중 1840년에 일어난 아편전쟁은 문명의 중심으로서의 중화체제에 균열을 가지고 오는 일대 사건이었다. 물론 그동안 중국 역사 속에서 오랑캐라고 여기고 있던 나라에게 굴욕적인 패배를 당한 것이 이번이 처음은 아니었다. 하지만 패배보다 충격적이었던 것은 소위 '견선리포'堅船利砲, 견고한 군함과 날카로운 대포로 대별되는 그들의 기술이었다. 철판으로 만든 배가 물에 뜨고, 게다가 그 먼 거리를 바다를 통해 자국까지 운항해 왔다는 사실에 문명의 중심이라 자부해 왔던 그들은 놀라지 않을 수 없었다. 정확성이나 파괴력 면에서 기존의 무기체계와는 비교할 수 없을 정도의 기술력은 그야말로 새로운 문명의 등장을 알리는 서곡이었다. 그러나 아편전쟁에서의 패배는, 앞으로 100년간 중국에 닥칠 위기를 보여 주는 하나의 예고편에 불과했다.

이러한 위기의 조짐은 단지 '밖'으로부터만 오는 것만은 아니었다. 중국의 많은 왕조는 '외환'과 동시에 '내란'으로 무너졌다. 마찬가지로 당시에도 국외적으로뿐만 아니라 국내적으로도 국가체제의 붕괴 조짐이 나타났다. 연이은 가뭄과 홍수, 거기에 두 배 가량 증가된 인구 압력은 중국 내부의 인구와 자원 간 불균형 문제를 심화시켰다. 또한 증대되는 화폐경제 속에서 발생한 인플레이션과 농촌경제의 악화는 백성들의 삶을 더욱 어렵게 만들었다. 태평천국의 난, 염군의 반란, 회교도 반란 등 중국 전역에서 민란이 들끓던 것은 어쩌면 당연한 일이었다.

그중 가장 큰 피해를 남겼던 태평천국운동은 당시 이러한 '안과 밖'으로부터의 중국의 시대상황과 모순을 가장 잘 보여 주는 사례 중 하나일 것이다. 연이은 서구와의 전쟁에서 패배한 결과 서구에 의해 강제적인 개항이 이루어졌다. 이 개항장을 통해 서구의 물건들만 수입된 것이 아니라 서양의 문화 역시 들어오기 시작했다. 선교의 자유 역시 허용되었는데, 이들로부터 기독교를 받아들여 자신만의 새로운 종교를 만든 이가 태평천국운동의 지도자 홍수전洪秀全이었다. 힘든 삶 속에서 새로운 세상에 대한 열망으로 가득하던 일반 민중들은 이 새로운 교주를 열렬히 환호했고, 태평천국운동은 양쯔강 이남의 지역을 거의 석권하였다.

이 과정에서 그동안 중립적 입장에 서 있던 서구 열강은 청조로부터 경제적 양보를 얻어 내기로 약속받은 후 태평천국운동을 탄압하는 쪽으로 선회한다. 게다가 중국의 한족 엘리트들 역시 그들을 기존의 유교 질서를 해치는 자로 단정하고, 이를 억압하는 청조의 편에 서게 된다. 결국 태평천국운동은 2천만 명이라는 어마어마한 사망자를 낸 후, 1864년에야 막을 내리게 된다. 이처럼 태평천국운동은 단순히 사이비 종교가 일반 백성들을 혹세무민한 결과로 평가할 수만은 없다. 전쟁과 가난으로 안으로부터 들끓고 있던 모순, 거기에 무능한 지도층과 바깥의 강권적이고 폭압적인 서양 열강이라는 상황이 결합되어 어디든 살짝 건드리기만 하면 당장이라도 터질 듯한 일촉즉발의 상황을 만들어 냈던 것이다.

이것이 우리가 살펴볼 캉유웨이가 태어난 중국의 상황이었다. 전쟁과 가난으로 신음하던 백성들, 그런 중국을 잡아먹으려 호시탐탐 기회를 노리는 서양, 나라가 언제 망할지 모르는 상황 속에서 지배체제는 어떠한 힘도 쓸 수 없이 무너져 내려가고 있었다. 캉유웨이가 태어난 1858년 광둥성廣東省 난하이南海현이 태평천국운동이 휩쓸던 곳이었던 것도, 그가 시대적 모순을 일찍이 깨닫게 된 것과 무관하지 않을지도 모른다.

아편전쟁으로부터 이어지는 서양 열강에 의한 연속적인 패배는 중국 역시 서양의 기술을 배울 수밖에 없다는 불편한 현실을 받아들이게끔 했다. 위원魏源이 말한 대로 "오랑캐의 장기를 배워 오랑캐를 제압한다는 것"이었다. 이처럼 서양을 알기 위한 노력들이 일부 지식인들에게서 보이기 시작한다. 소위 '서학'西學이 그것이었다. 그들은 서양 서적을 번역하고, 서양 역사를 소개하며, 서양의 소식들을 알리기 위해 신문을 발행했다. 그리고 외교사절을 파견하고, 해외 유학을 독려하는 등 서구의 것들을 받아들이려는 노력을 시작한다.

캉유웨이가 서양에 대해서 많은 지식을 가질 수 있었던 것 역시 이런 배경에서였다. 그가 자란 광둥 지방은 중국의 대외창구로 서양문물을 일찍부터 받아들인 곳이었다. 그는 1874년 17세의 나이에 『해국도지』海國圖志, 『영환지략』瀛環志略을 읽고, 지구도를 구해 서양사정을 파악하는 등 당대의 다른 중국 지식인들보다 서양의 문물을 일찍 접했다. 그는 또한 당시 선교사들이 간행한 『만국공보』萬國公報를 구독하고 있었으며, 번역된 서양의 자연과학 책을 탐독하고 있었다. 기존의 유학적 사고를 바탕으로 도교, 불교 등 전통적인 사상 위에 서양사상까지 뒤섞여 그야말로 새로운 사고체계가 탄생하게 된 것이다.

서구로부터 그들의 기술을 배워야 한다는 '동도서기'東道西器론적 양무운동은 이후 부분적으로 국내정치가 안정되는 '동치중흥'同治中興의 시기를 가지고 왔다. 그러나 이런 성공이 나름의 자신감을 불러일으켜 개혁의 발목을 붙잡는 아이러니를 낳았다. 당시의 개혁정책들은 새로운 것들을 받아들인다기보다 무너져 가던 청조의 원기를 회복시키는 역할밖에 하지 못했다. 이것은, 시스템적인 변화의 차원이 아니라 정책 차원의 변화였으며, 이러한 전통적인 문제해결 방식은 한계를 노출할 수밖에 없었다. 또한 이 와중에 정치권력 내부의 권력 투쟁은 끊이지 않았고, 중앙권력은 지방을 통제할 수 있는 힘을 갖지 못했던 점 역시 개혁의 길을 가로막는 요인의 하나였다.

이 과정 속에서 당시 양무운동을 제기한 개혁세력들은 시대적 선구자가 될 수는 있을지언정 시대적 대세는 아니었다. 보수세력들이 받아들일 수 있었던 변화는 그것들이 얼마나 전통과 어울리느냐에 달려 있었다. 당시의 절대적 다수를 차지하던 보수파들은 도덕적 청렴성을 강조하며 중국의 우월함은 기술에 의존하는 것이 아니라 민심에 있다는 이유로 변화를 거부했다. 또한 청조의 권력은 제도가 아니라 최고권자의 의지에 너무 좌우되었고, 개혁세력은 핵심권력을 장악하지 못했다.

캉유웨이 등 젊은 지식인들이 정치보다는 학문에 빠져들게 한 이유였다. 실제로 캉유웨이가 정치판에 나설 수 있었던 것은 1890년대에나 들어서였다.

이러한 흐름 속에서 1884년에 일어난 청불전쟁은 중화체제의 붕괴를 알리는 신호탄이었다. 이는 베트남이라는 조공국의 멸망과 함께 중화체제의 해체의 시작점이었으며, 서구문명이 그들이 거스를 수 없는 대세가 되었음을 알리는 것이기도 했다. 캉유웨이는 그 스스로 1885년 『대동서』의 초고를 완성했다고 서술하고 있는데, 그가 쓴 「서문」에서 이러한 위기의식과 새로운 세상에 대한 희망이 잘 나타나고 있다.

내 나이 스물일곱, 그 당시가 광서光緖 갑신년甲申年이라. 프랑스 군대가 양성羊城을 격동시키니, 나는 그들 군사들 때문에 서초산西樵山 북쪽 은당향銀塘鄉의 칠회원七檜園 담여루澹如樓에 피신하고 있으면서 국난을 슬퍼하고, 민생에 애통하여 『대동서』를 지어 백 년을 기리고자 할지니라. 『대동서』, 10~11쪽

당시 청불전쟁으로 인한 중국 내의 불안은 극에 달했고, 망국의 위기는 눈앞의 현실로 다가왔으며, 백성들은 괴로움에 떨어야 했다. 그가 새로운 세계의 기초인 『대동서』를 기획하게 된 이유였다.

한 번 무너지기 시작한 시스템은 건잡을 수 없이 무너져 내렸다. 이러한 중화체제의 균열은 1894년 청일전쟁으로 대단원을 장식한다. 그동

안 중화체제의 일부라고 생각했던 일본에 당한 패배는 서구 열강에 의한 패배와는 또 다른 의미에서 중국 지식인들의 세계관을 뒤흔든 엄청난 충격이었다.

당시 캉유웨이는 과거시험을 치르기 위해 상경해 있었다. 청일전쟁 패전이라는 굴욕적인 소식을 듣고 가만히 있을 수 없었던 그는 과거를 치르기 위해 모인 거인擧人들을 선동하여 600여 명의 연명으로 시모노세키下關조약의 조인 거부와 광범위한 정치개혁을 주장하는 상서를 올린다. 현실정치에서 그의 이름이 세상에 널리 알려지게 된 사건이었다.

차츰 이름을 알리기 시작한 그가 드디어 왕의 부름을 받은 것은 1898년 무술변법戊戌政變 때였다. 드디어 그도 현실정치에 참여할 기회를 갖게 된 것이다. 무술변법은 광서제光緖帝를 중심으로 하는, 위로부터의 근대화의 노력이자 우리가 잘 알고 있는 변법자강운동이었다. 이때 행정, 교육, 법률, 경찰의 근대화 등 40여 개의 개혁조칙이 발표되었다. 그러나 결과적으로 보자면 이러한 개혁정책은 모두 문서로만 그치고 말았다. 당시 정권을 손에 쥐고 있던 서태후는 이 변법운동을 한족에 의한 정권 탈취로 규정하고, 변법이 발표된 지 석 달 만에 광서제를 유폐시켰기 때문이다. 자동적으로 변법파들에게는 체포령이 떨어졌다.

다행히 캉유웨이와 그의 제자 량치차오梁啓超는 영국인의 도움으로 일본으로의 망명길에 올랐다. 그러나 또 다른 그의 제자 탄쓰퉁譚嗣同 등 소위 무술6군자는 처형당했다. 탄쓰퉁은 캉유웨이보다 더 철저하게 일체의 속박을 남김없이 찢어 버리자는 '충결망라'衝決網羅를 외치던 이였다. 그가 도주를 권하는 이들에게 말하는 장면은 꽤나 인상적이다. "각국의 변법은 모두 유혈을 거친 뒤에야 비로소 성공하였다. 중국은 아직까지 아무도 변법을 위해 피흘린 자가 없었다. 나는 변법을 위해 피를 흘린 자의 한 사람이 되기로 결심하였노라. …… 나는 도적떼를 죽이려 했지만 세계를 바꿀 만한 힘을 갖지 못했다. 이곳이 내가 죽을 곳이다. 기쁘구나! 기쁘구나!" 이렇게 꽃다운 나이 34세로 그는 죽음을 맞이한다.

그들의 개혁정책은 이처럼 백일천하로 끝나고 만다. 이후 캉유웨이는 1913년까지 16년간 전 세계를 떠돌아다니는 망명생활을 하게 된다. 그는 귀국 후 다음과 같이 자신의 망명생활을 숫자로 정리한다. "무술변법으로 100일 동안 유신을 추진하다 실패한 뒤 16년간 망명길에 올랐는데, 그동안 모두 3차례 세계여행길에 올라 4대륙을 두루 돌아다니면서 모두 31개국을 가보고, 이동 거리만 총 60만 리에 이르렀다."

그러나 망명생활이 고달픈 것만은 아니었다. 마치 공자가 세상이 자신을 알아줄 날을 기다리며 전국을 유랑했듯이, 캉유웨이 역시 그가 그리는 세상이 언젠가는 도래할 때를 기다리며 전 세계를 유람했다. 그는 아직까지 해외 화교들에게 정치적으로 중요한 상징적 인물이었고, 이들을 규합해 다시 청조를 바탕으로 하는 개혁이 성공하리라 믿었다. 실제로 그는 후원자들의 원조로 경제적으로도 풍족한 생활을 했으며, 서구를 유람하며 그동안 자기가 꿈꿔 온 세상을 구체적으로 그리기 시작한다.『대동서』가 본격적으로 집필되었던 것도 이때였다.

그는 세계 각국을 돌아다니며 보황입헌운동을 펼쳐 나간다. 반면 그와 함께 일본 망명길에 올랐던 량치차오는 스승과 결별하고 공화주의로 기울게 된다. 하지만 캉유웨이는 민족혁명과 민주공화는 중국을 멸망으로 이끌 것이며, 보황입헌만이 중국을 구할 수 있다고 믿었다. 아직 중국에서 민주와 공화는 때가 되지 않았으며 점진적 개혁정책만이 갈 길이라고 믿었다. 그러나 중국의 젊은 지식인들은 이제 더 이상 수구적인 입헌군주제 이론에 머무르지 않았다. 1911년 신해혁명이 터지고 청조는 멸망한다.

하지만 캉유웨이에게 이런 급진적 변화는 받아들일 수 없는 것이었다. 16년 만의 해외유람을 마치고 다시 고향 땅에 돌아온 캉유웨이는 청조를 전복시키고 황제를 무너뜨린 국민국가를 받아들이기 힘들었다. 이후 그는 다시 황제를 복귀시켜 이전의 체제로 돌아가고자 했지만 민심은 더 이상 캉유웨이의 편이 아니었다. 어느새 역사의 뒤안길에 물러나 앉게 되어 버린 것이다. 망명 전의 급진적 개혁가가 이제는 보수와 반동의 인물로 낙인 찍히게 되었다. 공자의 가르침을 종교로 삼고, 공자를 교주로 삼는 공자교 운동을 펼쳐 보고자 했지만 이 역시도 기대했던 것만큼 큰 호응을 얻을 수 없었다. 량치차오는 그의 말년을 이렇게 평가한다.

캉유웨이가 소강주의의 정치를 실행하고자 한다면 사람들에게 지지를 얻어야 하는데, 끝까지 그의 재능은 쓰이지 않았고 오히려 여러 번 축출만 당하였다. 후배들 역시 그가 하는 바를 좋아하지 않아 그를 비방하였는데, 캉유웨이 또한 지나친 자신감으로 후배를 경시하였으니 더욱 완고하고 구태의연한 태도로 서로 다투게 되었다. 이제는 늙어 세상과 다시는 소통하지 못하게 되어, 국민들은 국가의 위대한 사상가로부터 더 이상 은덕을 입지 못하게 되었으니, 슬프도다! 량치차오, 「청대학술개론」(한국어판은 「중국 근대의 지식인」, 전인영 옮김, 혜안, 2005, 184~185쪽)

그는 세상을 뜨기 전까지도 혼란이 심화되고 내란이 이어지는 현실을 개탄하며, 중국 각지를 여행하고, 시국에 대한 방안을 내놓았지만 더 이상 그는 중심이 아니었다. 이제 진정 사상적으로도, 정치적으로도 주변으로 밀려난 그는 1927년 겨울 칭다오靑島에서 70세의 나이로 조용히 생애를 마친다.

이처럼 캉유웨이, 량치차오, 탄쓰퉁, 이 3명의 스승과 제자의 삶이 한 편의 드라마처럼 펼쳐진 것은 짧다면 짧을 수 있는 근대 중국의 100년이라는 시간이 그토록 드라마틱했기 때문이 아니었을까?

가족을 넘어

첫번째 여행

‘사랑’(愛)의

유토피아로

1
왜 이다지도
고통스러운가

인생은 고통이다

『대동서』를 읽기 시작한 이들이라면 처음부터 당혹감을 느낄 수 있다. 왜냐하면 책의 시작이 '인간이 세상에서 느끼는 모든 괴로움'에서 출발하기 때문이다. 유토피아에 관한 책치고 이상한 시작이 아닌가?

캉유웨이는 기본적으로 인생은 고통이라고 바라보았다. 그는 책의 시작부터 갖가지 고통에 대해 주구장창 지루할 만큼 길게 그리고 자세히 늘어놓는다. 이 장면만 보면 갓난아기라도 "나 다시 돌아갈래" 하며 엄마 뱃속으로 돌아가겠다고 할 정도다. 아닌 게 아니라 실제로 캉유웨이는 아기가 태어나자마자 우는 건 앞으로 그의 삶이 얼마나 고통스러울지 알아서이기 때문이란다. 무슨 말이 더 필요하겠는가.

나는 아침저녁으로 책을 곁에 두고 머리를 숙여 읽고, 하늘을 우러러 생각에 잠기기도 하였다. 정신이 너무 맑아져 몸을 떠난 듯하여 집에 돌아와 처자를 대하여도 별 반응이 없어 마치 살아 있는 사람 같지가 않았다. 그렇기는 해도 마을 사람들의 주고받는 말, 부인네들과의 대화와 아이들의 장난, 친척들의 친밀감 속에서 들리는 것은 모두 다투는 소리요, 보이는 것은 모두 괴로워하는 모습뿐임을 알 수 있었다. 과부는 남편을 생각하며 밤새 곡을 했고, 고아는 가난과 배고픔에 울음을 그치지 않았으며, 헐벗은 노인은 나무 밑에서 지팡이를 짚고 서 있고, 혹 병든 노파는 이불도 없이 저녁나절 아궁이 끝에 누워 있었다. 몹쓸 병에 걸린 자들은 허리를 구부린 채 구걸을 하면서 아무리 외쳐도 의지할 곳이 없었다. 지체가 높거나 돈이 있는 사람들의 경우에도 형제나 아들, 조카 사이에 담을 쌓고 지내기 일쑤이고, 올케와 시누이, 시동생과 형수가 다투어 서로 붙들고 당기고 밀치고 하여 근심과 고통이 처참한 지경이었다. 『대동서』, 20~21쪽

아침저녁으로 책을 읽던 그는 어느 날 문득 정신이 너무 맑아져 마치 유체이탈이라도 한 듯했다. 처자식들을 대하여도 별 반응이 없어 살아 있는 사람 같지가 않았다. 하지만 그럴수록 주위에서 들려오는 것은 괴로워하는 이들의 소리였다. 관세음보살이라도 되었던 것일까? 관세음보살이 세상世의 모든 고통받는 소리音를 눈으로 보듯이觀 잘 듣는 이라고 할 때, 캉유웨이야말로 관세음보살의 현현이 되었던 것일지도 모른

다. 그의 제자 탄쓰퉁이 스승을 보고 부처가 세상에 출현했다고 평한 것이 과장된 말만은 아니었다.

여하튼 그는 실제로 세상의 모든 고통이 주변에서 들리기 시작했다고 적고 있다. 그가 이 책을 쓰게 된 것도 고통받는 이들의 목소리를 외면하기 힘들어서였다. 그들의 목소리, 그들의 얼굴을 통해 그는 다시 한번 새롭게 세상에 눈을 뜨게 된 것이다.

그가 본 인간 세상의 괴로움은 이루 다 헤아릴 수 없어 일일이 기록하기조차 힘들지만, 일단 여기서 그가 들고 있는 몇 가지 예를 살펴보자. 우선 태어나면서 겪는 일곱 가지 고통이 있다. 어느 집안에서 태어났는지에 따라 삶이 결정되는 괴로움, 젊은 나이에 요절하는 괴로움, 불치병에 걸리는 괴로움, 야만적인 지역에서 태어난 괴로움, 변두리 지역에서 태어난 괴로움, 노비로 사는 괴로움, 부녀로 태어난 괴로움이 있다. 이들 고통은 태어난 환경이나 상태에 따라서 어쩔 수 없이 겪어야 되는 괴로움이다.

그리고 천재지변으로 인한 여덟 가지 고통이 있다. 홍수나 가뭄으로 인한 굶주림, 메뚜기 재해, 화재, 물난리, 화산 폭발, 가옥 붕괴, 선박이나 기차 사고, 전염병으로 인한 괴로움이다. 그 당시 기상 변화나 재난 사고 등으로 인한 고통이 얼마나 심했을지는 말하지 않아도 짐작할 수 있을 터.

여기에 살아가면서 겪는 다섯 가지 고통이 있다. 홀아비나 과부가 되는 것, 부모나 자식이 없이 사는 것, 의료혜택을 받지 못하는 것, 헐벗고 굶주려야 하는 것, 비천하게 힘든 일을 하면서 살아야 하는 데서 오는 괴로움이다. 거기에 통치에 따르는 다섯 가지 고통도 빼놓으면 섭섭하다. 형벌과 감옥살이, 가혹한 세금, 병역, 국가가 있고, 가정이 있어서 생기는 괴로움이다. 캉유웨이는 이러한 괴로움에 대해 구구절절 동서고금의 예들까지 하나하나 친절히(?) 들어가며 설명하고 있다. 그의 말을 듣다 보면 이건 뭐, 요즘 텔레비전 프로그램에 나오는 휴먼 다큐멘터리 정도는 갖다 댈 바도 아니다. "휴~", 한숨소리가 절로 나온다.

하지만 여기서 그치지 않는다. 인정으로 인한 여덟 가지 고통도 있다. 우둔함, 원수에 대한 원한, 사랑과 그리움, 얽매임, 힘들고 고생스러움, 소원이나 욕망에 사로잡힘, 압제, 계급 차별에서 생기는 괴로움이다. 인간사 살다 보면 갖가지 인정이 쌓이고 이로부터 나오는 고통 역시 만만치 않다는 거다.

그러나 마지막 압권이 하나 더 남았다. 부러움받는 사람들의 다섯 가지 고통이다. 부자, 높은 벼슬에 오른 사람, 장수하는 사람, 제왕, 신인·성인·신선·부처도 고통받기는 매한가지란다. 부자는 부유함을 잃지 않을까 우환이 끊이지 않으며, 집안에 재산싸움이 일어나고, 권력을 가진 이 역시 언제 권력을 잃게 될까 걱정이 계속되고, 장수하는 이는 주변에 가족, 친구가 죽는 걸 보아야 하니 괴롭고……. 뭐, 이런 식이다. 이러니 제왕이나 성인이라고 맘 편할 리 있나.

이쯤 되면 말 다했다. 그래, 인생은 고통이다. 뭐, 우리 주변만 보더라도 사는 게 고역이라고 말하는 사람들이 얼마나 많은가. 그래서 부처 역시 삶은 고통이라고 말했던 것이리라. 하물며 당시 중국의 열악한 시대 상황을 감안한다면 일반 백성들이 느꼈을 고통을 짐작하기 어려운 일도 아니다. 서구 열강의 침략과 내란으로 전쟁은 끊이지 않았고, 인구는 갑작스레 증가한 데다 연이은 천재지변으로 그야말로 엎친 데 덮친 격이란 말이 딱 들어맞는 상황이었다. 이들의 고통이 캉유웨이의 눈에 들어온 것은 어찌 보면 당연한 일이었다.

그러나 이는 단순히 지식인이 일반 백성들을 불쌍히 여기는 차원만은 아니었다. 한발 더 나아가 그는 타인의 고통, 이 세상에 존재하는 모든 고통을 자신의 고통으로 끌어안았다. 다른 이의 고통이 자신의 고통을 늘린다는 것! 이를 줄이지 않고는 도저히 자신은 행복해질 수 없었다. 그는 자문한다.

나는 나일 뿐이고 저들은 저들 자신이 괴로운 것이니 나와는 무관한 일인데, 슬프고 괴로워 움직일 때도 근심스럽고 앉아서도 그 생각만 나니 이와 같은 것은 무엇 때문인가? 『대동서』, 22쪽

따지고 보면 내가 괴로운 것도 아니다. 우리가 흔히 경험하듯 옆의 사람이 고통으로 몸부림치는 것을 보는 것보다 자신의 새끼손가락에 나

는 피 한 방울이 더 절절하게 고통스러운 법이다. 하지만 그는 타인의 고통들에서 자유로워지지 않고서는 결코 자신도 즐거워질 수 없다고 생각했다. 그들의 고통이 나의 고통이라는 것. 이만하면 모든 중생들이 고통의 번뇌가 자신의 고통이 되어 마음 아파했던 부처의 모습이 오버랩 되지 않는가? 캉유웨이 그 자신이 성인임을 자신했으니 그리 놀라운 일만은 아닐지도 모른다. 여기저기서 들려오는 고통의 목소리들, 고통받는 이의 얼굴들이 그에게 거부할 수 없는 자신의 고통으로 다가온 것이다.

고통을 줄이고 즐거움을 구하라

그렇다면 이러한 고통을 어떻게 할 것인가? 일반적으로 고통스럽다고 느끼는 이들이 대처하는 방법은 대개 두 경우다. 현세의 고통을 앞으로 다가올 행복을 위한 일종의 시련 따위로 여겨 묵묵히 감내하거나, 고통스러움을 다른 일들로 잊어버리고자 다른 일에 미친 듯이 몰두하기. 고통을 종교적인 시련으로 여겨 이를 감수하는 이들이 첫번째 부류라면, 그 고통을 이겨 내고자 다른 강렬한 유혹들에 빠지는 이들이 두번째 부류라 할 수 있다. 참아 내거나, 도망가거나!

그러나 캉유웨이는 달랐다. 고통을 줄여 나가면 된다는 것! 삶이 고통스럽다면 그 원인을 찾아서 그 원인을 해결하면 된다는 것이다. "뭐가 이렇게 간단해"라고 물을 수도 있겠지만, 사실 우리가 알고 있듯이 모든 해답은 간단하다. 다만 그것을 인정하려 하지 않는 것이 문제다. 아니, 더 정확히 말하자면 정답을 알고 있으면서도 그렇게 할 수 없는 능력의 부재가 문제일 뿐이다!

그의 주변에는 괴로워하는 사람들로 가득했다. 나라는 전쟁 통이고, 주위에는 질병과 가난으로 신음하는 백성들이 넘쳐 나고 있었다. 어찌해야 할 것인가? 도대체 이 고통의 근원은 무엇일까? 그는 해답을 얻기 위해 산속으로 들어가 이 질문을 끝까지 파고들어 간다. 그리고 대답을 찾아냈다.

캉유웨이는 말한다. "이 세상 모든 생물들은 즐거움을 구하고 괴로움에서 벗어나려 하는 것일 뿐 다른 도리가 있는 것은 아니다!" 모든 생물이 다 마찬가지겠지만 고통스럽게 살기 위해 태어난 이는 없다. 그가 보기에 괴로움을 벗어나 즐거움을 구하는 것은 모든 생물들에게 당연한 것이었다. 제자였던 량치차오가 캉유웨이의 철학을 한마디로 '즐거움樂의 철학'이라고 규정한 것은 탁월한 평가였다. 캉유웨이의 말을 좀더 들어 보자.

인간은 다른 생물보다 뇌신경이 더 영험하고 신혼神魂이 더욱 맑아 외물外物을 보다 세밀하고 빠르게 지각할 수 있으므로 적합하고 적합하지 않은 것이 더 분명하다. 적합하고 마땅한 것은 철저히 받아들이고 적합하지 않고 마땅하지 않은 것은 주저 없이 버리므로, 무릇 인도人道에는 다만 자기에게 맞고 맞지 않는 것만이 있을 뿐이다. 그러므로 맞지 않는 것이란 괴로운 것이고, 자기에게 맞추어 주고 맞는 것은 즐거운 것이다. 그러므로 인도란 사람을 기준하여 만들어진 것이니, 사람을 기준으로 한 도道에는 고苦와 낙樂이 있을 뿐이다. 따라서 인간을 위해 도모하는 사람이라면 그들의 괴로움을 제거해 즐거움을 주는 것去苦而求樂 외에 다른 방도가 없을 것이다. 『대동서』, 28~29쪽

괴로움을 제거하고 즐거움을 구하라去苦而求樂! 그가 그리는 대동세상이란 고통이 없는 세상이었다. 하지만 누군들 괴로움을 버리고 즐거움을 얻고자 하지 않겠는가? 다만 그 방법을 몰라서 하지 못하는 것일 뿐. 하지만 캉유웨이가 제시하는 답은 의외로 간단하다. 자신에게 맞지 않는 것들을 제거하고 자신에게 맞는 것을 찾아가는 것이 고통을 줄이는 방법이다.

캉유웨이가 보기에 인간은 영험하기 때문에 자신에게 맞는 것과 맞지 않은 것을 알 수 있다. 다른 생물 역시 인간만은 못하지만 이를 자연적으로 알고 있다. 따라서 자신에게 맞는 것이 즐거움을 주고, 자신에게 맞지 않는 것이 고통을 유발하게 됨은 누가 가르쳐 주지 않아도 자연스레 알 수 있는 바이다.

우리 경험을 통해서도 쉽게 알 수 있지 않은가? 아무리 좋은 사람이

라도 자기와 잘 맞지 않아 왠지 불편스럽게 만드는 사람이 있는가 하면, 이상하게 자기와 쿵짝이 잘 맞아 같이 있으면 즐거움을 주는 사람이 있다. 흔히 우리가 일상생활에서 '코드가 맞다'라고 말하는 경험이 바로 그런 것일 게다. 이렇게 자신에게 맞지 않는 것들에게서는 멀어지려 하고, 자신에게 맞는 것에게는 접근하려고 하는 것이 모든 생명을 가지고 있는 것들의 기본적인 속성인 것이다. 세상은 그러한 삶의 의지로 가득한 공간일 뿐이다.

선악의 저편

따라서 모든 생물에게는 다만 좋아하는 것과 싫어하는 것, 즉 애오愛惡만 있을 뿐, 선악의 구분은 외부에서 주어진 것이다. 선과 악은 미리 정해져 있는 것이 아니다. 만약 그렇다면 그것을 정할 권리는 누구에게 있단 말인가? 사자가 양을 잡아먹는 것을 악한 것이라 말할 수 있는가? 양이 사자에게 잡아먹히는 것은 선한 것이라 할 수 있는가? 그것을 선하다고, 악하다고 해석하는 것은 사람들이 그렇게 명명했기 때문은 아닌가? 왜냐하면 선악과 시비는 미리부터 주어진 것이 아니라 시대에 따라, 어떤 조건 속에 놓이느냐에 따라 늘 바뀔 수밖에 없는 것이기 때문이다. 진리에는 이처럼 본래 선과 악이 없다.

진리에는 본래 선과 악이 없는데, 여기에다 시비를 붙인 것은 모두 성인聖人들이 그런 것이다. ······ 그러므로 무엇이 선이고 악인가 하는 것은 정하기 어려운 것이며, 옳고 그른 것은 시대의 흐름에 따라 달라지는 것이다. 그러므로 시비와 선악은 모두 사람으로부터 비롯되는 것이며, 또한 사람들에 의해 정해지는 것임을 알 수 있다. 『대동서』, 637~638쪽

영구불변하는 선악이란 없다. 그러한 선악을 외치는 이들이 있다면 아마 선악이라는 이름으로 권력을 행사하려는 자일 것이다. 왜냐하면 진리가 선악과 결합하는 순간 그것은 배제의 논리, 억압의 논리로 작동하기 때문이다. 이것은 옳고, 선하기 때문에 해야만 한다고, 그것은 옳지 않고, 악하기 때문에 금지해야 한다고. 하지만 선악과 시비란 고정된 것이 아니라 항상 변할 수밖에 없는 것이다. 그래서 과거에는 선한 것이었다고 해도, 즉 어떤 상태에서는 선한 것이었다 해도 시절이나 조건이 변하면 악한 것이 되기도 하고, 물론 그 반대도 가능하다. 그렇기 때문에 캉유웨이는 남자들의 동성연애가 과거에 악한 것으로 여겨진 까닭도 후손이 끊겨 인구가 줄어들까 걱정하여 그런 것일 뿐, 대동세에서는 동성간의 사랑이나 이성간의 사랑이 어떤 차이가 있는 것이 아니라고까지 말한다.

캉유웨이에게 선악이란 주어진 도덕이나 관습이 아니다. 선악은 성인이 다만 질서를 잡기 위해 구별했던 것으로, 이때 선악이란 명분일 뿐

실체가 아니다. 하지만 우리가 선악을 주어진 것으로, 고정된 것으로 받아들일 때 그것은 실체 없는 명분으로서 우리를 가로막는 장애물이 되어 버린다. 그때 실체와는 동떨어진 이 전도된 선악이라는 명분이 우리를 옭아매게 된다.

그가 보기에 제도 역시 마찬가지였다. 제도가 실체와는 떨어져 명분으로 작동할 때 이는 오히려 없느니만 못하게 되어 버린다. 가족제도, 사유제도, 국가제도 등등의 제도는 인간의 삶을 위해 만들어진 것이지만 이것이 정형화되고 고정화되었을 때 그것은 철폐하고 초월해야 할 것이 되는 것이다.

따라서 그는 선악의 기준을 뒤집어 버린다. "사람들의 즐거움을 증진시키고 괴로움을 적게 할 수 있는 것이 바로 진화이며 선한 도道"이고, "인간의 즐거움을 증진시키지 못하고 괴로움만 더하게 한다면 퇴보이며 그 도道 또한 선하지 않은 것"이라고. 그에게 선악이란 애오愛惡, 즉 즐거움과 고통에 다름 아니다. 따라서 진화란 적극적으로 고통을 없애고 즐거움을 향해 나가는 것이다. 즐거움을 향한 진군! 캉유웨이에게는 그것이 진화이자 선이었던 것이다.

이처럼 그는 도덕을 넘어 윤리의 차원에서 문제를 접근한다. 이때 도덕이 선과 악, 옳음과 그름이라는 마땅히 따라야 할 초월적 기준을 제시하는 사유라면, 윤리는 현실적인 관계 속에서 어떻게 좋은 관계를 맺을 것인가 하는 사유이다.

그러나 그의 사상을 단순히 선악이 아니라 애오의 관점에서 파악한 것으로 그쳐서는 부족할지도 모른다. 그가 선악을 넘어 애오를 주장할 때, 우리는 여기서 애오를 두 가지 차원에서 살펴볼 필요가 있다. 하나는 감정적 차원에서 좋고 싫음의 문제이고, 다른 하나는 감정적 차원이 아닌 자신에게 '적합한 것'과 '적합하지 않은 것'의 문제이다. 복잡하게 말해서 그렇지 실은 단순하다. 그냥 난 사과가 좋다는 즉자적인 차원이 아니라, 사과를 먹는 것이 자신에게 적합한지 아닌지라는 차원으로 보았다는 말이다.

여기서 캉유웨이는 첫번째 차원을 넘어 두번째 차원으로, 즉 단순한 좋고 싫음의 구도를 넘어 적합한 것과 적합하지 않은 것, 즉 적합성의 구도 속에서 바라본다. 모든 생물은 자신이 좋아하는 것과 싫어하는 것이 존재하는데, 이는 자신에게 적합한 것과 적합하지 않은 것이다. 이때 적합함이란 자연적으로 알 수 있는 것이다. 벼는 촉촉한 땅에서 잘 자라고, 기장은 마른 땅에서 잘 자란다. 벼가 물기 있는 땅을 좋아하는 것은 그것이 자신의 생존에 적합한 것임을 알기 때문이다. 따라서 우리는 이 적합함 속에서 캉유웨이가 고통을 없애고 즐거움을 찾고자 하는 단서를 발견할 수 있다. 유레카! 괴로움을 피하고 즐거움을 찾기 위해서는 적합한 관계를 맺으면 되는 것이다.

하지만 아직까지 "그렇다면 우리는 어떻게 해야 하는 건데?"라는 질문에 직접적인 답을 내리긴 힘들다. 고통이 있다는 것, 그것과 반대되는 적합한 것과의 결합에서 얻어지는 기쁨이 있다는 것은 알겠는데 그럼 그 다음은? 너무 서두르지들 마시라. 그럼 다시 처음으로 돌아가 캉유웨이의 질문의 시작을 떠올려 보자. 그렇다. "인간은 왜 괴로운가?"라는 질문이었다. 그리고 이 고통을 줄여 나가기 위해서 즐거움을 찾아야 한다는 것이고, 즐거움이란 자신에게 적합한 것이라는 이야기였다. 그에 대한 대답을 찾는 과정에서 나온 것이 적합한 것끼리는 자연스럽게 끌림의 힘이 작동한다는 것이었다. 따라서 그에게 선이란 자신에게 적합한 것을 찾아 나가는 길이자 그것을 억누르는 방해물들을 없애 고통에서 벗어나는 것이다.

그렇다면 우리는 여기서 하나의 가설을 세워볼 수 있다. 적합한 관계는 인간이라면 자연히 알 수 있는 것이고, 그러한 적합한 관계를 추구하는 것이 즐거운 일이라고 해도, 그것을 막는 장애물이 있다면? 그가 '경계'라는 문제에 주목한 것은 바로 이 때문이다.

캉유웨이는 적합한 관계를 가로막는 장애물로서의 경계에 대해 말한다. 그는 지각이 있는 존재에게는 인력引力, 즉 자신에게 적합한 것임을 알고 서로서로를 끌어당기는 힘이 있지만, 그 사이사이에 그것을 가로막는 경계가 있어 적합한 관계 사이에 작동하는 끌어당기는 힘을 방해한다고 보았다. 그럼으로서 고통이 발생하고, 적합한 관계가 끊어진다고 보는 것이다. 따라서 고통을 없애기 위해서는 이러한 장애물, 즉 경계를 제거해야만 한다.

여기서 또 질문이 생길 수 있다. 경계라고 하는 것은 대충 뭐 장애물 비슷한 거라고 생각이 되기는 하는데 인력이라고? 서로 끌어당기는 힘이 있다고? "그건 또 무슨 소리야"라며 의아해할 수도 있다. 그렇다면 이 '끌림'에 대해서 좀더 자세히 살펴보자.

2
사랑밖에 난 몰라!
불인지심 不忍之心

감응의 힘, 인(仁)

누군가가 마음에 들어오기 시작할 때 우리는 흔히 '끌린다'고 표현한다. 그리고 상대 역시 나에게 끌려 서로가 서로를 마법처럼 끌어당기는 힘을 느낄 때, 우리는 그것을 '사랑'이라고 표현할 수 있을 것이다.

그렇다면 사랑을 전통적인 동양사상에서는 어떻게 불렀을까? 연애? 하지만 연애戀愛란 단어는 근대 시기 일본에서 love라는 말을 번역하기 위해 만들어 낸 신조어이다. 물론 동양에서도 지금의 사랑과 유사한 개념들로 연戀, 애愛, 정情, 색色 등 다양한 말이 있었다.

그러나 그중 '인'仁이라는 개념이 지금 우리가 말하는 존재 간 끌림이라는 의미에서의 사랑에 가까울지 모르겠다. 다들 알다시피 전통적으로 인은 유학사상에서 핵심으로 여겨져 왔다. 그렇지만 자세히 들여다보면 인仁만큼 다양하게 해석되어 온 개념도 없다.

가장 널리 알려진 정의는 공자나 맹자가 인仁을 타자에 대한 호의 혹은 동정심으로 해석하는 것이다. 공자는 『논어』論語 「안연」顔淵편에서 인仁을 애인愛人, 즉 상대방人을 아끼는 것으로 설명한다. 또한 우리가 익히 알고 있듯이 맹자가 인의 단서라고 말하는 측은지심惻隱之心 역시 이러한 동정심의 발로이다. 맹자는 어린아이가 우물에 빠지는 것을 보고 느끼는 측은히 여기는 마음이란 남의 평판을 얻고자 하는 것도, 자신의 이익을 구하고자 하는 것도 아니라고 말한다. 이는 사람이라면 당연히 가지고 있는 자발적 감정이며, 이게 없으면 흔히 이야기하는 '짐승 같은 놈'이 되어 버리는 거다.

그러나 그렇다고 해도 이것이 자신은 그와 같은 불행한 처지에 빠지지 않게 되었다는 안도나 자기애에서 비롯되는 것은 아니다. 흔히 우리가 연민을 느낀다고 할 때, 이는 고통받는 상대와 그걸 지켜보는 관찰자의 입장에 빠지기 쉽다. 그렇지만 이럴 때의 측은지심은 시간이 지날수록 약화될 수밖에 없고, 꾸준히 지속되기 어렵다. 매일 물에 빠지는 수백 명의 사람을 본다면 시간이 지날수록 그에 대한 연민은 자연스레 약화되고 무덤덤해질 수밖에 없지 않겠는가.

캉유웨이도 그의 자서전인 『자편연보』自編年譜에서 "나는 인仁을 내 철학의 중심으로 삼았다"라고 밝히고 있다. 그러나 공자와 맹자가 인을 순수하게 남을 아끼는 마음, 동정심에 의거했던 것과는 달리, 캉유웨이는 인의 핵심이라고 할 수 있는 남의 불행을 참지 못하여不忍 모른 척하고 지나칠 수 없는 마음인 불인지심不忍之心을 개인 자신의 고락에 연계시킨다. 앞서 그가 자신과 다른 존재의 괴로움을 보는 것조차 자신의 괴로움을 늘리는 것이라 말한 것이 바로 그것이다.

캉유웨이에게 고통을 함께 느낀다는 것은 자기와 타자의 분리 속에서 나오는 연민의 차원만이 아니었다. 오히려 캉유웨이에게서 인이란 자기와의 동질성을 느끼는 '공감'의 능력, '감응'의 능력을 의미한다고 할 수 있다. 이렇게 보았을 때, 동정심은 단지 타인의 고통에 반응하는 수동적 차원에 머무르는 것이 아니라 자신의 고락과 직접 연결된다. 즉 공감의 능력을 바탕으로 할 때 타인의 고통은 자신이 짊어져야 할 고통 그 자체가 된다.

그가 이처럼 인을 적극적으로 서로 간의 감응의 능력으로, 고통을 없애기 위한 방법으로 해석하는 것이야말로 그의 사상의 핵심적 토대였다. 캉유웨이에게 인仁과 존재 간의 끌림이 연결되는 지점이다. 인仁이라고 하는 글자가 둘이라는 의미인 이=와 사람人을 합하여 만들어진 것처럼, 인이란 사람과 사람이 서로 짝한다는 의미, 더 나아가 이 존재들 간의 끌림이라고 해석할 수 있을 것이다. 사랑이란 다른 것이 아니다. 사랑은 바로 '존재들 간의 끌림'인 것이다!

인=사랑=자비=인력

그러나 캉유웨이에게서 이러한 끌림은 단순한 윤리 차원의 문제만도 아니었다. 『맹자미』孟子微에서 그가 "불인지심不忍之心은 인仁이고 '전기'電이며 '이태'以太"라고 설명하는 것에 주목할 필요가 있다. 여기서 이태以太란 에테르ether의 번역어이다. 지금의 시선으로는 이상하게 보일지 몰라도 당시만 해도 서양에서는 에테르를, 세계를 가득 채우고 있는 매개물질로 파악했다. 캉유웨이는 이러한 '전기'電, '이태'以太라는 과학적 개념을 가지고 와서 무형적 개념인 '인'仁과 연결시킨다.

즉 이러한 과학적 매개체가 실제로 존재하듯이, 인이라든지 불인지심은 세계를 구성하는 기의 일종으로서 만물 간의 소통의 원리로 작동하는 실재적 힘이라는 것이다. 여기서 그의 사상을 좀더 자세히 보여 주기 위해 캉유웨이의 사상을 좀더 철저하게 밀고 나간 그의 제자 탄쓰퉁의 말을 인용하는 것도 좋을 듯하다.

현상계, 허공계, 중생계에는 지극히 크면서도 정미한 일물一物이 있어 서로 달라붙고 서로 연결되어 빈틈없이 가득 차 있다. 이는 눈으로 볼 수 없고, 귀로 들을 수 없으며, 입으로도 맛볼 수 없고, 코로도 냄새도 맡을 수 없어 이름 붙일 도리가 없다. 이것을 '이태'以太라고 이름 붙인다. 이것의 작용이 나타나는 것을 공자는 '인'仁이라 부르고, '원'元이라 불렀으며, '성'性이라 불렀다. 묵자는 '겸애'兼愛라 부르고, 불타佛陀는 '성해'性海라 말하고 '자비'慈悲

라 불렸으며, 예수는 '영혼'靈魂이라 부르고, '남을 사랑하기를 나와 같이 하는 것' '적을 대하기를 친구와 같이 대하는 것'이라고 했으며, 격치가格致家는 '애력'愛力, '흡력'吸力이라고 부르는데 모두 이것을 일컫는 말이다. 탄쓰퉁,

「인학」(仁學), 「탄쓰퉁전집」(譚嗣同全集), 화세출판사(華世出版社), 1977, 9쪽

즉 이태以太라는 것은 무엇이라고 단정지어 이름 붙일 수는 없지만, 세상을 실제로 구성하는 어떤 매개체이다. 이것은 서로서로를 연결시키는 기본 물질이며, 이것이 실생활에서 구체적인 윤리로 실현된 것이 인, 겸애, 자비, 영혼, 남을 사랑하기를 나와 같이 하는 것 등과 같은 성인들이 말했던 덕목들이다. 즉, 동서양 성인들이 말하는 윤리란 서로 달라붙고 연결시키는 에테르의 작용에 다름 아니라는 말이다. 이것을 가리켜 공자는 '인'이라 했고, 묵자는 '겸애'라 했고, 부처는 '자비'라 했고, 예수는 '남을 사랑하기를 나와 같이 하는 것'이라 표현한 것일 뿐, 세계의 기본적인 힘이 바로 이 이태의 작용이라고 본 것이다.

세상에 빈틈없이 가득 차 있는 이 힘을 부정할 수 있는 이가 누가 있겠는가. 단지 눈에 보이지 않고, 귀로 들을 수 없다 해도 세상은 이러한 힘들로 가득 차 있다. 요즘의 과학의 시선으로 보면 이러한 에테르에 대한 논의는 자칫 웃음거리로 생각될 수도 있다. 하지만 이를 웃음거리로만 끝낼 수만은 없다. 여기서 중요한 것은 이 논의가 사실인지 아닌지 같은 과학적 정합성이 아니다. 오히려 주목해야 할 것은 이러한 논의가

나오게 된 배경과 의도라 할 수 있다.

여기서도 알 수 있듯이, 그에게 인이란 단순히 도덕이나 윤리 차원만이 아니다. 인이란 격치가格致家, 즉 서구 과학자들이 말하는 '애력'愛力, '흡력'吸力의 개념과도 같다. 그렇기 때문에 자석이 다른 극끼리 끌어당기는 힘은 이를 실제적으로 보여 주는 것이라고 말하는 것이다. 즉 인이란 사랑하는 힘, 끌어당기는 힘으로, 여기서 인은 단순히 감정적 개념을 넘어 물리적 실재로 파악된다. 즉 서로서로는 자연히 끌어들이는 힘을 갖고 있고, 이것이 세계를 구성하는 원리, 법칙이 되는 셈이다. 그렇게 보자면, 사과나무에서 사과가 떨어진 것을 보고 만유인력을 발견한 뉴턴은 캉유웨이 식으로 말하자면 지구와 사과가 서로를 아껴 끌어당긴 것이라 말할 수 있을 것이다.

캉유웨이가 본 세상은 이렇게 실제로 끌어당기는 힘으로 가득 찬 세상이었다. 그것은 종교에서 말하는 것처럼 사랑의 윤리를 통해 구원을 얻을 수 있다는 차원이 아니었다. 마찬가지로 그것은 일반 민중들을 계몽하기 위해 만든 도덕적 법칙만도 아니었다. 그런 식의 윤리는 현실에서 힘을 발휘하지 못한다. 기껏해야 그들에게 항상 죄책감을 심어 주고 또 다른 강제성을 심어 줄 수밖에 없다.

이와는 달리 캉유웨이에게 사랑이란 단지 윤리적인 차원을 넘어 존재론적으로 이 세상을 구성하는 실재적이고 과학적인 힘이었다. 이러한 존재론적 층위를 이해하지 않으면 그의 사상은 기껏해야 감정적 호소로 그칠 수밖에 없다. 그가 에테르를 가지고 와서 실재하는 힘으로서의 인을 강조한 이유도 여기에 있다.

하지만 이 사랑의 힘이 어디에나 존재한다고 보는 것을 단순히 나이브한 이상주의자의 견해로만 단정 지을 수 있을까? 실제로 우리가 매순간 매순간을 끌림, 그것을 인이라 부르건 사랑이라 부르건 간에 이러한 끌림에 이끌려 살아가고 있지 않은가? 그렇다면 이는 존재론적으로 우리가 서로서로 끌릴 수밖에 없는 존재임을, 이 세상은 실제 그런 힘들로 구성되어 있음을 증명해 주는 것은 아닐까?

끌림, 존재론적 공명

우리는 누구나 이러한 끌림을 경험한다. 그리고 이 짜릿한 끌림의 원인을 알 수 없어 의아해한 경험이 한 번쯤 있었을 것이다. 그 대상이 이성이건, 동물이건, 혹은 사물이건 간에 말이다. 이는 단지 그 사람, 그 대상의 무엇무엇이 어때서 좋다라는 논리적 차원만은 아니다. 그냥 끌림 그 자체라 할 수 있다. "왠지 모르겠지만 그냥 끌려"라는 말은 단지 순정만화에 나오는 대사만은 아니다. 사랑이란 그런 식의 이끌림이자 일종의 순간적인 빠져듦인 것이다. 그것에 이름을 붙이고, 논리를 붙이는 것은 그 다음의 일이다. 머리보다는 몸이 먼저 반응하고, 그 다음에 왜 그 대상이 좋은지 거기에 이유를 붙이고 해석한다. 그 사람은 이러저러해서 맘에 든다고, 저 사람은 이러저러해서 맘에 안 든다고. 그러나 이끌림, 떨림의 순간은 논리와 해석 전에 찾아온다.

물론 이러한 끌림이 잃어버린 반쪽을 찾아 헤매는 사랑을 의미하는 것만은 아니다. 동성 간에도, 애완동물과도, 나무 한 그루에도, 무생물에도, 심지어 기계에 대해서조차 우리는 이런 이끌림의 연쇄 속에서 살고 있다. 모든 존재에는 이러한 끌림이 있다. 이는 우리가 흔히 사랑이라고 할 때 떠올리는 것처럼 자신의 부족함을 메우기 위한 합일이나 결합 차원이 아니다. 사랑의 충만감은 차라리 자신의 능력이 커져 가는 데서 오는 기쁨이라고 할 수 있을지도 모른다.

물론 이때 기쁨은 단순히 감정적 차원은 아니다. 여기서 우리는 능력의 증가와 사랑의 관계를 스피노자를 통해 살펴볼 수 있다. 스피노자는 기쁨을 인간의 더 작은 완전성에서 더 큰 완전성으로 이행하는 것으로, 슬픔을 인간의 더 큰 완전성에서 더 작은 완전성으로 이행하는 것으로 정의한다. 그리고 사랑이란 외적 원인의 관념을 동반한 기쁨, 즉 더 큰 완전성으로 이행하는 것이라 말한다. 스피노자에게 사랑이 정서적 차원을 넘어 능력의 증가를 의미하는 것은 이 때문이다.

따라서 스피노자는 우리가 사랑을 '사랑하는 대상과 결합하려는 자의 의지'로 해석하는 것은 사랑의 '본질'이 아니라 사랑의 '특징' 중 하나일 뿐이라고 지적한다. 따라서 사랑이란 그렇게 의지의 차원에서의 문제가 아니라 어쩔 수 없는 불가항력의 문제이자, 능력이 커져 가는 기쁨의 문제다. 그렇기 때문에 "나 사랑에 빠졌어"라고 말할 때 알 수 있듯이, 그것은 '나 어떡해! 또 사랑에 빠졌어'라는 존재론적으로 빠질 수밖에 없는 일종의 부름, 열병과도 같은 것이다. 캉유웨이 식으로 말하자면 우리들은 '사랑밖에 난 몰라~'의 존재인 것이다.

그렇게 보자면 사랑의 본질은 자신의 능력을 키우는, 기쁨으로 가는 보다 더 큰 능력으로의 이행이자 존재론적 실천이라 할 것이다. 캉유웨이에게서도 좁은 경계 속에 사로잡혀 자신을 스스로 가두는 슬픔이 아니라 세상과의 소통 속에서 함께 즐거워하는 기쁨이 사랑의 본질인 것이다.

같은 지구에 태어났으므로 온 세상 여러 나라의 모든 인류는 나의 동포로서 모습만 다를 뿐이므로, 서로를 안다면 친해질 수 있는 것이다. …… 그러므로 다른 나라가 진화하면 함께 진화하게 되고 퇴보하면 함께 퇴보하며, 그들이 즐거우면 함께 즐거워하고 괴로우면 함께 괴로워하게 되었다. 이는 전기가 어디든 통하고 공기가 어디에든 있는 것과 같다. 이 지구상에 살고 있는 야만인을 비롯하여 초목, 물고기, 곤충, 짐승 등 모든 태생胎生, 습생濕生, 난생卵生, 화생化生 따위의 온갖 것들도 내 눈과 귀에 접하면 서로 마음이 통하고 서로 사랑으로 끌어당기니 내 어찌 무관심할 수 있겠는가? 『대동서』, 25~26쪽

하지만 일상이 이처럼 끌림들로 충만한 세계라면 왜 우리는 사랑하지 못하는 존재가 되어 버린 걸까? 왜 우리들은 '호모 에로스'에서 갈수록 멀어져 '사랑 불구자'가 되어 버린 걸까?

캉유웨이가 경계라는 문제에 주목했던 이유가 바로 여기에 있다. 경계가 우리를 사랑보다 적대 쪽으로 몰고 간다는 것. 그렇다면 '가족'이라는 경계가 어떻게 사랑의 흐름을 막고 고통을 유발하는 적대로 흘러가게 되는지 캉유웨이의 말을 들어 보자.

3
가족을 없애라!
배타성을 넘어 보편적 사랑으로

겸애 vs 차별애

캉유웨이가 보기에 인간의 고통은, 그 종류는 다양하지만 모두 하나의 기본적인 근원에서 유래한다. 그것은 바로 고질적인 이기심과 이로부터 나오는 자기와 남을 구별하려는 성향이다. 이 고질적인 문제가 모든 불평등과 문젯거리를 만들어 낸다. 캉유웨이는 말한다. 서로를 끌어당기는 인ㄷ이라는 자연스러운 감정이 존재하고, 이는 누구나 가지고 있는 것이라고. 그런 점에서 세상에 불인ㄷ한 존재는 없다. 어떤 장애 때문에 그것이 제대로 발현되지 못할 뿐이다. 그 장애물이 바로 경계였다.

이 경계 중에서도 가장 근본적인 문제는 가족이었다. 그가 『대동서』에서 가장 많은 부분을 할애해 가족에 대해 다루고 있는 것도 이 때문이

60

었다. 가족 간의 경계야말로 모든 경계의 시작이요, 고통의 시작이라고 그는 보았다.

하지만 가족 없는 세상이라니, 상상하기 힘들다. 가족을 없애라니, 아니 이게 무슨 근본 없는 '후레자식'이나 할 소리인가, 라고 생각할 수 있다. 하물며 전통적인 오륜의 가치가 당시까지 사회를 지배하던 중국에서 가족을 없앤다는 건 결코 상상하기 쉬운 일이 아니었다. 그가 『대동서』를 완성하고도 쉽사리 세상에 공개하지 못한 데는 이런 이유도 있었을 것이다.

상황은 지금도 마찬가지이다. 아니 모든 가치가 힘을 잃어 가고 있는 시대, 가족은 더더욱 신성한 가치가 되어 버렸다. 가장 진보적인 사상가, 활동가들도 이 가족주의 문제에서만큼은 자유롭지 못하다. 그들에게조차 가족은 무너져서는 안 되는 최후의 보루이다. 그런 점에서 마르크스는 이야기한다. "가족의 폐기! 공산주의자들의 이 수치스러운 계획에 대해서는 가장 급단적인 급진주의자들까지도 격분하고 있다. 현재의 가족, 부르주아적 가족은 무엇에 근거하고 있는가? 자본, 사적인 영리에. 그것은 오직 부르주아지에게 있어서만 완전히 발전된 형태로 존재한다." 칼 마르크스·프리드리히 엥겔스, 「공산당 선언」, 『저작 선집 I』, 최인호 외 옮김, 박종철출판사, 1991, 416~417쪽

캉유웨이가 마르크스의 책을 직접 읽었을 가능성은 적지만, 역시 동일한 문제의식을 제기한다. 그에게도 가족이란 단지 사적인 이익을 위

한 패거리일 뿐이다. 아니, 마르크스가 가족을 자본주의를 유지하기 위한 재생산 도구라고 보았다면, 캉유웨이는 모든 사회적 모순이 가족에서 비롯되었다고 본다는 점에서 한 발 더 나간다. 그에게 가족은 현실의 불평등을 존속시키고 재생산하는 기제이다. '불멸의 신성가족!' 이 구조를 넘어서지 않는 한, 다시 말해 가족이라는 동심원적 구조에서 벗어나지 못하는 한, 모든 문제는 다시 가족으로 회귀하고 만다.

물론 자기 가족을 소중히 여기는 것이 문제가 될 수는 없다. 그러나 가족이 고통이 되는 것은 모든 가치가 가족이라는 집단으로'만' 회수되기 때문이다. 가족이 문제가 되는 지점은 자신의 가족'만'이 우선되는 순간이다. 이럴 때 그것은 다른 모든 가치를 집어삼키는 족쇄이자, 고통의 씨앗으로 변하기 때문이다. 가족 아니면 남이라는 논리! 그렇게 가족이 내 것과 남의 것을 구별하는 장치로 작동하는 순간 캉유웨이가 말하는 끌림을 막는 것으로서의 경계가 되어 버린다.

그렇다면 전통적으로 동양에서는 가족에 대한 사랑과 가족을 넘어서는 사랑에 대해 어떻게 이야기되고 있었을까? 이에 대해서는 맹자孟子와 묵자墨子 사이의 논쟁이 유명하다. 맹자는 가족 안의 사랑을 바탕으로 이 사랑을 확대해 다른 가족에게까지 그 사랑이 미쳐야 한다고 말한다. 즉 가족 안에서의 사랑이 밖으로까지 확대되어 사랑의 적용범위를 넓혀가야 한다는 것이다. 그러나 묵자는 그런 방식으로는 절대 답이 안 나온다고 말한다. 맹자의 논리대로라면 결국 가족을 사랑하는 마음과 그 밖의 사람들을 사랑하는 마음에 차별이 생기기 때문이다.

여기서 사랑의 두 가지 방법이 나온다. 소위 맹자 식의 '차별애'와 묵자 식의 '겸애'兼愛가 그것이다. 묵자는 일체 차별하는 마음이 없어야 진정한 사랑, 겸애가 가능하다고 본다. 맹자 식의 차별애는 평등한 사랑이 아니라 결국에는 편파적인 사랑으로 그칠 수밖에 없다는 것이다. 그렇다면 묵자의 사랑을 맹자와 대비해 '무차별적인 사랑'이라고 부를 수 있으리라.

> 친애함이 크면 후하게 대하고, 친애함이 작으면 박하게 대한다고 한다. …… 그러나 친애하는 사람을 후대하는 것은 좋은 일이지만, 친애함이 적다고 박하게 하는 것은 좋은 일이 아니다. 의리상 가까운 사람에게 후하게 한다는 것은 평등하게 하는 것이 아니고, 좋아하는 사람에게 편파적으로 대하는 것이다. 장자, 「대취」大取편, 『묵점 기세춘 선생과 함께하는 장자』, 기세춘 옮김, 바이북스, 2009, 805쪽

묵자는 자기 가족만을 중시하는 편파적인 사랑이 아니라, 모든 사람을 똑같이 사랑해야 한다는 '평등'한 사랑을 주장한다. 그는 가족 아니면 남이라고 생각하는 세상에 일갈한다. 천하무인天下無人, 천하에 '남'이란 없다!

그럼 이에 대해 맹자는 뭐라 답했을까? 홍, 근본 없는 자식들 같으니!

맹자는 묵자의 견해를 '무부'無父라고 딱 잘라 말한다. 묵자의 겸애란 집안의 부모 형제와 길거리의 사람을 똑같이 보는 것으로, 사랑의 발단처 즉 시작점을 없앤 것이라는 거다.

그렇다면 묵자는 왜 겸애를 주장하는 걸까? 묵자가 보기에 맹자가 주장하는 가족애라는 것은 결국 가족끼리의 사랑으로 머무를 수밖에 없다. 근본적으로 자기 가족이라는 단위에 집착하는 한, 나의 가족과 남의 가족을 구별하는 차별애적 구조를 만들어 내기 때문이다. 일단 구별이 있고 나면 평등한 사랑은 불가능하기에, 아예 그 구별 자체를 없애야 한다는 것. 둘 다 가족을 넘어서야 한다는 점에서는 같지만, 어떻게 그것을 가능하게 할지에 대해선 다른 입장을 취한다. 여러분이라면 어느 쪽 손을 들어 주겠는가?

캉유웨이는 이 문제에서 기본적으로 묵자의 손을 들어 준다. "옛날 묵자는 위대한 교주였다. 그의 가르침은 상동尙同사상과 겸애사상으로서 무척 훌륭한 것이었다"는 그의 평가대로, 전통 유학에서 조명받지 못했던 묵자를 평등을 강조한 중요한 사상가로 재평가한다. 이는 유학을 비판하며 새로운 전통 내에서 가치를 찾고자 한 청말의 사상가들이 공통적으로 묵자에 주목한 이유이기도 했다. 이처럼 그는 전통적인 유학의 틀에 고립되는 것이 아니라, 양명학, 불학, 묵학, 서양사상들을 자유롭게 넘나들며 새로운 사상을 만들어 낸다.

그는 묵자의 의견대로 가족을 없애야 보편적인 사랑에 이를 수 있다고 보았다. 그에게 가족이라는 '경계'는 자유로워짐을 막는 구속 조건이었다. 그리고 이러한 구속은 서로 간의 자연스러운 끌림을 막는 경계로 작동한다. 가족이라는 좁은 틀 안에 사로잡혀 그 밖의 자연스러운 끌림을 가족 '안'으로만 회수하게끔 하는 논리를 벗어나지 않고서는 보편적인 사랑이 가능하지 않다는 것이다.

그는 "인간의 정신이 맑지 못하고 지혜가 뛰어나지 못한 것이나, 근심으로 마음이 어둡고 게으르며 생각이 막힌 듯한 것은 그 모두가 '얽매임' 때문"이라고 말한다. 가정 역시 이러한 '얽매임' 중 하나이다. 아니, 가장 근본적인 얽매임이자, 가장 깨기 힘든 얽매임이라고 생각했다. 그는 사람은 가정이 있어 즐거움을 누리지만, 또한 가정에 얽매이게 되므로 이에 괴로움에 이르게 된다고 말한다. 이렇게 사사로운 경계에 얽매이다 보면 자기 자신, 보다 확대된다면 자신이 속해 있는 집단의 이익을 위해서밖에 사고할 수 없게 된다.

(사기, 도둑질, 살인, 약탈) 이런 죄악을 저지르게 되는 원인을 보면, 모두 자기 집안을 부유하게 만들려는 동기에서 비롯된다. …… 그리고 그것은 습성이 되어 끝없이 악순환한다. 또한 가정을 이루고 있으면서도 설사 부자가 되기를 바라지 않는다 하더라도 이미 가족을 사랑하는 이상 그들에 대한 책임이 있는 것이므로 반드시 그들을 부양할 방도를 생각해야 한다. …… 결국은 구차하고 천해지며, 파렴치한 짓도 서슴지 않게 되고, 탐욕스

러워지고 남을 기만하는 행동까지 하게 된다. 그러나 이것은 하고 싶어서 일부러 그렇게 되는 것이 아니라, 부득이해서 그렇게 된 것이다. 그러나 사람이란 일단 한번 이런 일을 저지르고 나면 두 번 세 번 거듭하게 되고 습관처럼 익숙해져 결국은 성품으로 변해 마침내는 천한 인간으로 타락하게 된다. 『대동서』, 443~444쪽

그는 가족끼리만 편파적으로 친한 반면 가족 이외의 관계에서는 소원해지고 미워하는 관계가 한 발 더 나아가면 모든 죄악의 근원이 된다고 보았다. 사기, 도둑질, 살인, 약탈 등의 범죄도 모두 자기 집안을 잘 살게 하기 위한 동기에서 비롯된다는 것이다. 이는 오늘날에도 더했으면 더했지 마찬가지 아닌가! '내 가족은 소중하다'에서 '내 가족만 소중하다'로, 그리고 '내 가족을 위해서는 뭐든지 한다'로 이어지는 생각의 고리. 그러나 이들은 어쩌면 단지 한 끗 차이일지도 모른다. 따라서 캉유웨이는 가족제도를 그대로 두고서 태평세에 도달할 수 없다고 말한다.

인간의 성품이 모두 선하고, 인격이 모두 갖추어져 있고, 모두 넉넉한 생활을 하며, 모두 건강하고 인품이 온후하고, 풍속과 교화가 모두 훌륭한 세상이 바로 태평세다. 그러나 이것이 실현되려면 가족제도를 폐지하지 않고서는 불가능하다. …… 가족제도를 그대로 두고서 태평세에 도달하려는 것은 물도 없는 곳에 배를 띄우고서 항구에 도달하기를 바라는 것과 다를

것이 없다. 뿐만 아니라, 태평세에 이르고서도 가족제도를 그대로 둔다면, 이것은 마치 흙을 지고서 샘을 파 나가는 격이요, 또한 땔나무를 가지고 불을 끄려 하는 것과 같아서, 갈수록 어려워지는 결과를 초래한다. 그러므로 태평세의 경지에 도달하려면 국가 간의 경계를 없애고, 가족제도를 없애는 길밖에는 다른 방법이 없다. 『대동서』, 450~451쪽

결혼할까요? 동거합시다!

그렇지만 캉유웨이의 위대함은 여기서 그치지 않는다. '가족주의에서 벗어나자'는 말은 누구든지 할 수 있다. 하지만 가족주의를 벗어나자는 말은 '착하게 살자'는 말만큼이나 무책임하고, 하나 마나 한 소리다. '착하게 살려면 어떻게 해야 하는가'라는 사고 없이 그저 '착하게 살자'고 당위성만을 강조하는 말은, 심하게 말하자면 아무 의미 없는 말일 수도 있다. 문제는 당위성을 이야기하는 것으로 그쳐서는 안 된다는 점이다.

　가족주의 문제 역시 마찬가지이다. 캉유웨이의 사상이 급진적인 것은 가족을 해체하라는 그의 주장 때문만은 아니다. 그의 급진성은 오히려 단순히 언설에 그치지 않고 구체적인 제도의 변화를 통해 이 문제를 해결하려 한 점에 있다. 그는 가족이라는 경계를 없애기 위해서는 가족 간의 핵심인 결혼제도가 사라져야 한다고 주장한다.

이제 서로 좋아하는 마음에 따라서 기한을 약속하고, 합치고 헤어지는 것을 뜻대로 할 수 있게 된다면, 뜻이 맞으면 약속을 계속하여 영구히 화합할 수 있고, 다른 사람과 맺어지기를 원하는 경우에는 약속을 바꿀 수도 있다. 이렇게 하면 사랑하고 사모하는 뜻을 이룰 수 있게 되어 더욱더 즐거워질 수 있다. 그러나 싫어지면 헤어질 수도 있으니, 합법적으로 허락되는 일이며 도덕적으로 어긋나지 않는다. …… 그렇게 되면 모든 사람은 싫은 것을 참고 견뎌야 할 필요가 없으니, 이 세상에서 이혼이나 절교의 괴로움도 없어진다. 누구나 바라는 바를 얻고 구하는 바를 얻어 즐기고 싶은 대로, 또 좋아하는 대로 따를 수 있으니 이야말로 여러 악기가 화음을 이루듯 즐거운 일이다. 비록 오늘은 계속적인 합약을 맺지 못했다 하더라도 훗날을 다시 기약할 수 있고, 때때로 다시 만나게 되면 마치 옛 친구를 다시 만나듯 그 사이는 더욱 친근해질 것이다. 『대동서』, 399쪽

결혼이라는 제도를 기한부 계약인 남녀 간의 결합으로 바꿔야 한다고 주장하는 것이다. 서로 간의 약속으로 1년 정도 같이 산다. 그러다 좋으면 다시 계약을 갱신하고, 아니면 다른 사람과 다시 계약을 맺어 같이 산다. 물론 살다가 안 맞으면 계약은 파기하면 된다. 요즘 말로 하자면 일종의 계약동거다. 그러나 이는 결혼하기 전에 이 사람과 잘 살 수 있나 경험해 보는 차원의 동거가 아니다. 아예 결혼이라는 제도 그 자체가 사라진다. 결혼을 위한 동거가 아닌 동거를 위한 동거.

왜냐하면 결혼이라는 제도가 존속하는 한, 가족이라는 경계는 사라지지 않기 때문이다. 그리고 이러한 부부관계를 기본으로, 자식과 부모 관계는 더욱 공고해진다. 그렇게 보자면 결혼은 가족을 만들어 나가는 것이기도 하지만, 가족에 얽매이게 하는 시작이기도 하다.

물론 결혼을 없애야 하는 또 다른 이유도 있다. 기본적으로 사람이란 쉽게 무언가에 질리는 법이라고 그는 말한다. 따라서 언제나 보다 나은 상대를 자연히 원하게 된다. 영속적인 관계로 강제적으로 묶어 놓는 현 혼인제도가 사라져야 하는 이유이다. 실제로 만물이 그렇듯이 관계 그리고 사랑 역시 생장소멸을 겪는다. 처음 불꽃이 일어 뜨겁게 사랑하더라도 시간이 지나면 그 열정이 자연스레 사그라지는 경험을 해보았을 것이다. 그런 점에서 "어떻게 사랑이 변하니?"라고 묻는 것이야말로 어쩌면 사랑이 변한다는 것에 대한 가장 분명한 반증이리라.

영원한 사랑에 대한 환상, 그것은 그야말로 환상이다. 그 환상의 끈을 놓지 못해 벌어지는 사단이 주위에 어디 하나둘인가! 맨날 울고 지지고 볶고. 그게 다 이 사랑의 생장소멸을 받아들이려 하지 않아서는 아닐까? 이는 사랑을 혹은 관계를 소유하려고 하는 방식에서 나온 것은 아닐까? 능력을 키우는 결합이 아니라, 한 번의 약속으로 서로를 소유하겠다는 무지막지한 약속. 그런 점에서 결혼이 당사자들보다 더 뛰어난 사람 하나를 산출하려는 두 사람의 의지가 아니라, 한 번의 약속으로 그 관계를 고정시켜 버리는 만행이라고 표현하면 너무 심한 말일까? 결혼을 소위 '도장 찍는다'는 말로 표현하는 것은 이러한 소유권의 확립, 그리고 소유권을 인정받는 공식적인 절차가 결혼임을 반증하는 것이리라. 게다가 이러한 소유권은 영구불변의 평생기한이다. 애프터서비스조차 없는 무기한의 사용계약이라니!

그렇게 결혼은 사랑의 재발명이 아니라 가족이라는 안전과 안락함으로 대체된다. 이렇게 해서 새로움과 떨림은 사라지고 관성화된 사랑이라는 이름만이 남게 된다. 따라서 캉유웨이는 기존의 결혼제도를 없애고, 기한부 계약을 통해 관계를 맺어야 한다고 말한다. 이를 달리 말하면 사랑을 '소유형'에서 '존재형'으로 바꾸는 것이라고 말할 수도 있다. 무언가를 소유함으로 해서 사랑이 완성되는 것이 아니라, 사랑하는 것 그 자체만으로 사랑이 완성된다. 그렇게 캉유웨이가 말한 대동세에는 부부라는 쌍방의 소유제도 없이, 기본적으로 상호 약속에 의한 관계만이 남는다.

그러나 여기서 의아해할 이들이 있을 것이다. 그럼 아이는 누가 보살펴 주며, 나이가 들면 누가 보살펴 주냐고, 그건 너무 무책임한 것 아니냐고. 자기들 좋자고 그렇게 문란(?)하게 살아도 되냐고. 그래서 필요한 것이 공적 제도의 확립이다. 그는 대동세상에서는 태어나서 죽을 때까지 출산, 탁아, 교육, 의료, 양로, 장례 등의 기본적 인간의 문제는 모두 공적으로 이루어져야 함을 주장한다.

"인생이란 낳아 기르고, 가르치고, 늙어 병들고, 고생하다 죽는 것에서 벗어나지 못한다. 태평세에서는 그런 일들을 모두 공공기관에서 전담해 관장한다." 그래서 임신한 사람은 모두 인본원人本院이라는 시설에 들어가서 태교를 한다. 가장 좋은 기운의 장소에 인본원을 설치하고, 온갖 좋은 음악과 좋은 음식을 제공하며, 가장 뛰어난 의사들이 태교를 돕는다. 아이를 낳는 것은 사적인 것이 아니라 하늘이 낳아 공적으로 기르는 것이기 때문이다. 그리고 이 아이는 젖을 떼고 산모가 인본원을 나오면 바로 육영원育嬰院으로 옮겨져 보모들에 의해 길러진다. 어린아이는 공공기관의 보살핌을 받는 사회의 공유물이므로, 부모가 사사로이 소유할 수 없다. 따라서 아버지의 성을 따를 필요도, 어머니의 성을 따를 필요도 없다. 성이 있으면 사사로운 정이 생기게 되고, 친밀한 사람이 생기게 되기 때문이다.

그리고 나이가 들어감에 따라 각급 학교에서 교육을 받는다. 직업이 없어서 의식을 해결하지 못하는 이들을 위한 휼빈원, 질병이 있는 사람들을 치료하는 의질원은 물론이고, 60세 이상의 노인들은 양로원에서 부양한다. 그리고 사람이 죽으면 고종원考終院에서 모든 장례 절차를 맡는다. 물론 다 공짜다. 무상교육, 무상급식, 무상의료!

현실에서는 이러한 공적제도가 없기 때문에 기본적인 것들을 해결하기 위해 가족이라는 것이 존속된다고 그는 보았다. 물론 모든 것을 공적 시설이 담당해야 한다는 주장은 지나친 것으로 보인다. 하지만 그의 말대로 지금의 가족이 문제가 되는 것은, 가족'밖에' 남지 않았기 때문일지도 모른다. 가족 이외의 모든 공동체는 사라졌다. 그렇기 때문에 육아, 교육, 양로 모든 것이 가족의 틀에서 해결되지 않으면 안 된다. 이전에 다른 공동체적 관계 속에서 해왔던 일들이 모두 가족이 해결해야만하는 일들로 되어 버린 것이다.

그렇다면 현재 가족이 이토록 중요하게 떠오른 것은 원래부터 가족이 가장 중요했기 때문이 아니라, 다른 것들이 다 사라지고 남은 것이 오직 가족'밖에' 없기 때문은 아닐까? 캉유웨이는 우리에게 이렇게 묻고 있는지도 모른다. 가족이란 없어도 되는 것이 아닌가, 그래야 자기와 남을 구별하는 배타적 '사랑'이라는 관념이 사라질 수 있는 게 아닌가, 가족이 모든 사랑에 절대적인 특권을 가져야 할 이유가 무엇인가.

뭐, 반발하는 이들도 많을 것이다. 가족이란 것이 인류인데, 어떻게 그렇게 쉽게 끊을 수 있냐고. 혈육의 정을 무 자르듯이 그렇게 끊는 게 가능하냐고. 그러나 이렇게 대답할 수도 있지 않을까? 현재의 결혼, 가족이라는 것 역시 하나의 억압과 얽매임이라는 논리 속에서 작동한다면, 그리고 그 제도가 이미 계속해서 오작동을 하고 있다면 그것은 이미 폐지를 그 안에 품고 있다고 말이다. 특히나 가족이라는 것이 경계가 되어 사랑이라는 자연적인 흐름을 막는 것이 되어 버린다면 가족 역시 사라져야 할 제도라고 생각하지 말라는 법은 없다.

지금 당장 가족을 없애자는 게 아니다. 하지만 우리가 불변시해 왔던 가족이라는 것이 역사적으로 구성된 것이며, 관계들의 변화에 의해 새롭게 구성될 수 있는 것이라고 받아들일 수도 있을 것이다. 캉유웨이 역시 인류가 처음 지구상에 존재하였을 당시에는 가족이란 것은 없었다고 주장한다. 동물과 같이 잡혼생활을 했기 때문에, 태고에는 아버지가 누구인지 모르고 어머니만 알았으며 성이 없거나 있더라도 어머니의 성을 따랐다. 그런데 이러한 기간이 상당 지난 후 일부 남성들이 힘에 의거하여 여자를 독점하고 결합을 영구화함으로서 결혼이라는 제도로 발전하였고 부부가 형성되었다는 것이다.

하지만 여기서 이것이 역사적 사실인지 아닌지는 그다지 중요하지 않을지도 모른다. 중요한 것은 현재와 같은 가족이라는 형태는 필연적인 것도, 유일한 것도 아니라는 사실이다. 비단 몇백 년 전만 해도 지금의 가족주의적 관계 외에 다른 관계들도 많이 존재해 왔다. 소설 『임꺽정』에 나오는 청석골은 그런 형태의 공동체적 삶이 오히려 일반적이었음을 보여 준다. 꺽정이, 유복이, 봉학이, 막봉이, 천왕동이, 곽오주, 배돌석이 이들 칠두령들은 청석골이라는 마을에 모여 살며 하나의 코뮌을 이룬다. 물론 그들 역시 가정을 이루고 살기도 하지만, 중요한 것은 가족이라는 제도를 넘은 우정의 관계이다. 그들은 함께 일하고 함께 놀며 함께 싸우는 속에서 핏줄로 맺어진 가족 이상의 관계를 만들어 간다. 누가 배고프면 자기 것을 서슴없이 내어주고, 누가 길동무가 필요하다면 천리길도 마다않고 같이 따라나선다. 배우자나 자식 역시도 지금의 가족의 이미지와는 달리 시절의 인연에 따라 만나고 헤어진다. 이 거대한 관계 속에서 따라서 그들은 가족 안으로 모든 것이 매몰되는 관계가 아니라 항상 새로운 관계들을 구성해 나간다. 그렇기 때문에 그들은 누구를 만나서도 쉽게 의형제를 맺고 우정과 사랑을 나눈다. 그렇다면 중요한 것은 현재의 가족이라는 제도의 존속 여부가 아니라, 가족을 어떻게 좁은 경계의 틀에 가두지 않고 새로운 관계로 만들어 나갈 것이냐가 아닐까?

사랑의 반대는 공포다

물론, 캉유웨이가 가족을 당장 없앨 수 있다고 이야기하는 것은 아니다. 하지만 대동세가 오기 위해서는 가족이라는 경계를 넘지 않고서는 불가능하다고 보았다. 가족이, 또는 인류가 중요시하게 여겨지는 것은 태평세가 되기 전 세상을 유지하기 위한 거란세據亂世의 이론일 뿐이다. 하지만 대동의 세상, 태평세가 오면 가족이 사라지게 된다. 그렇기 때문에 가족의 윤리란 시대에 따라 달라지는 것이다. 가족이 지금, 현재의 모습과 같은 형태로 계속해서 유지되어 왔을 것이라고, 그리고 앞으로도 그대로 유지될 것이라 생각하는 건 엄청난 착각일 뿐이다. 모든 사회제도가 그렇듯 가족 역시 원래 주어져 있는 것이 아니라 그렇게 역사에 따라 변하고 구성되는 역사적 구성물이다.

이런 그의 사고는 동서양의 가족제도를 비교하는 데서도 드러난다.

중국에서는 효孝로 인해 가족 간의 사랑은 비할 데 없이 크다는 점을 인정하지만, 서양에 비해 보편적인 사랑이라 할 수 있는 박애博愛는 부족하다는 것이다.

　종족끼리 단결하는 힘으로 볼 때 중국인을 서양 사람들이 따르지 못하지만, 사랑을 널리 베푸는 데는 중국이 오히려 서양을 따르지 못한다. 그러면 이 두 가지 양상 중에 과연 어느 것이 더 나을까? 인仁을 행하는 데는 작은 것보다는 큰 것이, 좁은 것보다는 넓은 것이 낫다. 이런 관점에서 결론을 내려 보면, 중국은 자기 종족을 번식시키고 자기 종족끼리만 뭉치기 때문에 인을 행하는 범위가 좁다. 그러므로 구미 지역의 사람들이 널리 사랑을 베푸는 것에 중국 사람이 미치지 못한다. 『대동서』, 414~415쪽

　대동세에서는 인仁의 범위가 가족이나 자신에게 한정된 사사로운 관계에만 미치는 것이 아니라 보다 넓게 적용되어야 한다. 캉유웨이가 맹자의 친親, 인仁, 애愛의 구분을 들어 설명하는 것 역시 이것 때문이다. 앞에서 보았듯이 부모를 친親히 여기고, 이를 바탕으로 백성을 인仁하게 대하고, 또 이를 바탕으로 사물을 사랑愛하라는 것이 맹자 식의 전통적인 사랑의 확대방식이었다. 그러나 캉유웨이는 이러한 인仁은 고정된 것이 아니라고 말한다. 즉 인仁의 강도, 범위의 차이는 고정된 것이 아니라 진화의 정도에 따라서 달라지는 것이다. 인仁의 범위가 얼마나 확대가 되

었는지가 바로 문명의 기준인 것이다.

공자의 삼세三世의 법은 거란세에는 인이 멀리 미치지 못하니 단지 부모만을 친애하고親, 승평세에는 인이 동류에게 미치니 능히 백성을 아끼고仁, 태평세에는 중생이 하나 같으니 고로 사물을 겸애愛할 수 있다. 인이 이미 차등이 있으나, 세상의 진퇴에 따라 크고 작다. 캉유웨이, 장귀린(蔣貴麟) 주편, 『강남해선생유저휘간』(康南海先生遺著彙刊) 5, 굉업서국(宏業書局), 1976, 111쪽

여기서 하나 짚고 넘어가야 할 지점은 그의 역사인식이다. 그는 세상이 거란세를 거쳐, 승평세로, 그리고 대동세(태평세)로 진화한다는 인식을 가지고 있었다. 그리고 이때 인의 범위의 확대는 대동세로 가는 중요한 요소이다. 즉, 사랑의 범위를 확대해 가는 것이 진화의 증거이다. 그리고 이런 점에서 중국은 아직 갈 길이 멀다는 것이다. 인의 범위가 가족이라는 좁은 경계에 사로잡힌 것이 아니라 사해四海로 뻗어 나가야 한다는 것! 캉유웨이 식으로 말하면 "너만 좋아해, 너니까 좋아해!"라는 것은 아직 진화가 덜 된 증거이다. 진화한 인류라면, 문명의 인류라면 이렇게 말하는 것이 당연하다. "너를 포함한 만물을 사랑해, 만물을 사랑하듯이 너를 사랑해!"

이만하면 캉유웨이가 기획한 대동의 세계를 사랑의 유토피아라 부를 수 있지 않을까? 온 세계가 사랑으로, 서로가 서로를 끌어당기는 힘으

로 이루어져 있는 세상. 그렇다면 여기서 잠깐 질문 하나. 사랑의 반대란 무엇일까? 서로 증오로 가득한 세상?

물론 그럴 수 있다. 하지만 사랑의 반대가 증오라면 하나 더 물어야 할 것이 있다. 그럼 왜 우리는 서로를 증오하게 되는가라는 질문 말이다. 많은 이들이 경험하겠지만 증오는 증오를 낳는 근본 '원인'을 근절하는 것이 아니라, 증오하는 '대상'을 없애고자 하는 방향으로 나아간다. 물론 이때 대상을 없애 그 감정을 사라지게 할 수 있지만 증오는 또 다른 증오할 대상을 찾아 나선다.

주위에 자기가 싫어하는 사람이 있다고 하자. 그 사람만 사라지고 나면 정말 행복해질 거라고 생각하지만 막상 그가 사라지면 또 다른 미운 상대가 등장한다. 대상만 바뀌었을 뿐 증오의 감정은 사라지지 않는다. 따라서 증오는 대상의 문제만은 아니다. 그렇다면 증오의 원인은 좀더 깊숙한 곳에 있다고 볼 수 있지 않을까? 그런 점에서 증오란 사랑의 반대가 아니다.

그럼 여기서 이야기를 잠깐 돌려 우리가 처음 사랑하는 사람과 관계를 맺을 때를 떠올려 보자. 사랑을 시작하고자 할 때, 처음 손을 잡고자 할 때의 그 두근거림의 순간을. 누구도 막을 수 없는, 그 대상만을 향해 빠져 버리는 끌림의 순간을. 그럼 이제, 사랑의 반대 순간을 떠올려 보자. 그것은 아마도 내가 언제 상대방에게 버림받을지도 모른다는 '두려움'이 아닐까? 그런 점에서 사랑의 반대는 증오라기보다 두려움 내지 공포일지도 모른다. 이러한 공포야말로 연애의 가장 큰 적이다. 그렇기 때문에 서로서로를 구속하는 약정을 맺는다. 연인 사이라면 결혼이라는 약정을, 다른 사람을 만나지 않겠다는 상호 간의 합의를 말이다. 이건 무슨 핸드폰 구매도 아니고 약정이라니! 우리가 가족이라는 것을 신성시하는 것 역시 이 가족이라는 제도 없이는 사랑은 언제나 불안할 수밖에 없다고 생각하기 때문은 아닐까?

우리는 흔히 경계를 짓는다고 할 때 그것을 자기의 것을 지키기 위한 것이라고 생각하기 쉽다. 일단 사적 소유, 즉 사유私有라는 자신의 것이 있고, 그것을 지키려면 어쩔 수 없이 벽을 쳐서 지켜야 한다고. 여기까지는 내 것이고, 저기부터는 네 것이라고. 절대 건드릴 수 없는 사적 소유라는 체제는 그렇게 성립된다. 또한 이러한 사유私有의 근간을 흔들어 놓는 것은 어떤 이름으로도 용납되어서는 안 된다. 이처럼 자신의 것을 무너뜨릴 수 있다는 공포, 그것이야말로 경계를 성립시키는 근본을 이룬다.

하지만 과연 정말 그런 것일까? 사유를 지키기 위해 경계를 세운다기보다 오히려 경계를 세움으로써 '빼앗겨서는 안 되는 내 것이 있다'라는 발상이 생겨나는 것은 아닐까? 따라서 이렇게 생각할 수 있을 것이다. 사적인 것이 원래 있는 것이 아니라 사적이라는 틀을 만들어 버림으로써 사적인 것이 생겨나는 것이라고! 공포 때문에 경계를 만드는 것이 아니라 경계가 공포를 만들어 내는 것이라고! 따라서 공포는 이러한 사적인 경계를 세움으로써 생겨나는 것이지, 사적인 것이 먼저 있고 그것을 지키기 위해 경계가 생겨나는 것은 아니다. 그렇기 때문에 경계에서 자유로울 때만이 이러한 공포에서 벗어날 수 있다. 그렇지 않으면 언제까지나 자기 것이라는 있지도 않은 허상을 지키기 위해 두려움을 간직한 채 살 수밖에 없다.

그렇게 보자면 자본주의의 핵심은 소유적 개인주의, 즉 우리에게 법이라는 이름으로 사유私有라는 제도를 만들어 내고, 이를 지키기 위해 또다시 법이라는 이름을 갖다 붙이는 것이라 부를 수 있다. 그렇다면 이 자본주의에서 벗어날 수 있는 길은 사유라는 틀에서 자유로운 이들이 많아지는 것이라고 말할 수 있지 않을까? 그런 의미에서 사랑이 법을 뒤흔들 힘이 있다는 것은 이러한 틀로 가두어지지 않는, 공포에서 벗어날 수 있는 힘을 말하는 것일 게다. 따라서 사랑을 좁게만 가두어 버리려는 모든 태도에 반대해야 한다. 그런 순간 그것은 사랑이 아니라 공포의 다른 이름인 사유가 되어 버리기 때문이다. 이는 모든 관계에서 마찬가지다. 꽃을 사랑하는 것과 꽃을 꺾어 소유하는 것이 다르듯이, 애인을 사랑하는 것과 애인을 소유하는 것이 다르듯이 말이다.

캉유웨이의 철학을 사랑의 철학, 즐거움의 철학이라고 이름 붙일 수 있다면, 그것은 그가 다른 어느 사상가들보다 이러한 공포에서 벗어나 사랑의 관계를 맺을 수 있는 가능성에 주목했기 때문이다. 그가 적합한 관계를 맺는 것에서 즐거움을 찾고, 그러한 관계를 방해하는 장애물이

자 고통의 원인이 되는 경계에 주목한 것은 이 때문이다. 내부적으로는 동일성을 꾀하고, 외부적으로 배타성을 취하는 공포를 만들어 낼 수밖에 없는 사회를 넘어 보편적인 사랑의 공동체를 만들어 내는 것!

이러한 인식은 그가 하나로서의 세상을 그리고 있기 때문에 가능하다. 경계 없는 세상은 하나-됨의 세상의 다른 이름이었다. 존재론적으로 우리는 하나라는 것, 그것은 그에게 사랑의 유토피아를 이룰 수 있는 이유였으며, 사랑의 유토피아로 가기 위한 조건이었다. 자, 이제 '사랑의 유토피아'를 지나 '통함의 유토피아'로 두번째 여행을 갈 차례다. 자, 무브, 무브!

여행Tip 대동이란 무엇인가 ── 고문학에서 금문학으로

중국 청대清代는 벤저민 엘먼Benjamin A. Elman이라는 학자의 책 제목이 시사하듯이 "성리학에서 고증학으로" 넘어 가는 시대였다. 성리학이 도道란 무엇인가, 성性이란 무엇인가, 우주는 어떻게 이루어지는가 등의 철학적 담론에 대한 학문이라면, 고증학은 주석에 대한 체계적인 분석, 주석에 대한 입증을 위해 한 자 한 자 파헤쳐 나가는 작업이었다. 이처럼 텍스트 자체를 지루할 정도로 꼼꼼히 파고 들어가면서 문헌학적 연구에 빠지게 된 데에는 학문적 이유뿐만 아니라 정치적 이유 역시 존재했다. 이민족 왕조인 청조는 자신들의 왕조를 자칫 위험에 빠뜨릴 수 있는 철학적 논의보다는 학문의 엄밀성과 실증성을 강조하는 쪽으로 나아가게 했다. 음운학, 어원학, 문자학이 고대의 비밀을 푸는 열쇠가 된 것 역시 이러한 이유에서였다.

이렇게 청대의 학문은 경학, 즉 유학의 고전을 어떻게 해석할 것인가에 초점이 모아졌다. 경학은 다시 고문경학古文經學과 금문경학今文經學으로 나누어지는데, 특히 청대 말기는 이 고문경학과 금문경학 간의 논쟁이 활발한 시기였다. 이때 '고문'은 진나라 이전에 쓰이던 문자로, 구체적으로는 한나라 중엽인 무제 때 공자의 자손 집 벽에서 발견된 문헌에 나타난 문자를 말한다. 반면 '금문'은 한대漢代의 문자로 진시황제가 제정

한 예서를 말한다. 그런데 문제는 고문으로 쓰여진 경전을 정본으로 할 것인가, 금문으로 쓰여진 경전을 정본으로 할 것인가였다.

　이렇게 두 가지 경전이 나오게 된 이유는 다음과 같다. 진시황제의 분서갱유焚書坑儒로 유교 경전의 대부분이 사라진 이후, 학자들은 주로 기억과 구전에 의지하여 경전을 익히고 연구할 수밖에 없었다. 이후 한나라 때에 이르러 사라진 경전을 복원하는 작업이 이루어졌고, 이 복원 작업은 한나라 당대의 문자였던 예서隸書로 기록되었다. 하지만 문제는 한나라 이전에 기록된 경전이 민간에서 발견되기 시작했던 것이다. 그렇게 다시 발견된 경서를 고문경서古文經書, 즉 옛 문자로 기록되어 있는 경서라고 일컫는다. 전한前漢 시대에는 이 고문경서가 국가로부터 인정받지 못했지만, 전한 말기에 이르러 유흠劉歆을 필두로 한 일단의 학자들이 금문今文경서 및 그 주석에 대해 학문적으로 도전하기 시작했다.

　하지만 금문경학파들은 유흠 등 고문경학자들이 경전을 위조했다고까지 주장하면서, 이것이 경학 계승의 맥을 어지럽혔다고 비난했다. 이에 대해 고문경학파는 금문경서가 진나라 때 산일散佚, 흩어져 일부가 빠져 없어짐된 텍스트의 단편들에 불과하다고 보고, 금문경학이 군주의 기호에 영합해 음양오행설, 재이설, 참위설 등 다분히 미신적인 요소를 수용했다고 비판했다. 이는 단순히 무엇을 경전으로 할지의 문제뿐만이 아니라 경전에 대한 해석의 차이, 정치적 입장의 차이를 보여 준다. 캉유웨이는 정치적으로 대단한 인물이기도 했지만 이 금문경학의 대표적 인물로서

학술적으로도 한 이름 날렸던 인물이었다. 그가 먼저 세상에 이름을 날렸던 것은 그의 학문적 성과 때문이었다. 그의 금문경학은 세상을 발칵 뒤집어 놓았다. 그의 고전에 대한 새로운 해석은 그야말로 세상을 뒤흔들 정도의 파괴력을 가지고 있었던 것이다.

캉유웨이가 원래부터 금문학자로 시작한 것은 아니었다. 그 역시 전통적인 교육 속에서 자라났다. 하지만 1890년 캉유웨이는 랴오핑廖平을 만나 그의 영향하에서 소위 '고문학'으로부터 '금문학'으로 학문의 방향을 틀게 된다. 그리고 얼마 지나지 않아 발표한 1891년의 『신학위경고』新學僞經考, 그리고 이를 발전시킨 1897년 작 『공자개제고』孔子改制考, 이 두 작품은 지식인 사회에 엄청난 파장을 몰고 왔다. 량치차오가 이 작품을 두고 학술계의 태풍과 화산 대폭발에 비유한 것도 과장만은 아니었다. 지금까지의 학문에서는 없었던 파격적인 해석으로 그는 일약 학계의 스타로 뜨게 된다.

『신학위경고』新學僞經考라는 책 제목에서 알 수 있듯이 그는 지금까지의 공자에 대한 해석이 거짓에 근거하고 있다고 주장한다. 이때 신학이란 신新나라 왕망王莽 시기의 학문을 말하는데, 지금의 고전이 한나라 때의 것이 아니라 신나라 때 조작되었던 것임을 주장한 것이었다. 기존의 고전들이 유흠이라는 자에 의해 위작되었으니, 기존에 널리 받아들여지던 고전 대신 『춘추공양전』春秋公羊傳에서 공자의 핵심사상을 찾아야 한다고 그는 주장한다. 유흠이 왕망을 도와 한나라를 찬탈하기 위해서, 공자의 뜻을 감추고자 이리저리 마구 뒤섞어 놓았다고 보았기 때문이다.

더 나아가 『공자개제고』孔子改制考 역시 제목이 말하듯이 공자를 성인의 이름을 빌려 제도를 만든改制 제도 개혁가로 그리고 있다. 캉유웨이는 『역경』과 『춘추』만을 중시하여 공자의 숨은 뜻인 미언대의微言大義가 모두 이 두 책에 있다고 주장하였다. 예를 들면 요순堯舜의 성대한 덕과 큰 업적은 공자가 이상으로 한 인격이지만, 요순이라는 사람이 있었다고 하더라도 그 인격은 결코 경전에 실려 있는 것처럼 완전하지는 않았으며, 그것은 틀림없이 공자가 이상화시킨 것이라는 것이다. 따라서 그가 보기에 공자는 요순이라는 이름에 의탁하여 제도를 고치려고 했던 제도개혁가였다고 말한다.

『신학위경고』에서 이미 여러 경전의 대부분이 유흠의 위작이라고 한데다가, 『공자개재고』에서는 다시금 참된 경전은 모두 공자가 옛것에 가탁하여 만든 것이라 주장한 것이다. 이는 결국 수천 년 이래 변함없이 신성불가침으로 여겨지던 경전에 대한 근본적인 의심을 불러일으켰으며, 학문이란 고전에 주석을 다는 것이 전부라고 생각해 왔던 학자들에게 회의적이고 비평적인 태도를 갖게 하였다.

이러한 사상적 급진성은 그가 의도하였건 의도하지 않았건 새로운 바람을 불러일으켰다. 만고불역萬古不易의 경전의 신성함을 전복시킴으로써 기존의 가치체계를 내부적으로 붕괴시키는 역할을 담당한 것이다. 물론 그것이 학문으로서의 정밀성이 결여된 것이라고 종종 비판은

받지만, 청말의 위기상황을 타개하기 위한 시도였다는 점에서 캉유웨이를 비롯한 금문경학파의 역사적 의의를 무시할 수는 없다.

19세기 새로운 대동의 의미는 이러한 학문의 흐름 속에서 재발견, 전유되었던 것이다. 물론 이를 경전의 뜻을 견강부회한 것이며, 학술적으로 아무런 가치가 없는 것으로 폄하하는 이들도 존재한다. 그러나 중요한 것은 실제로 어떠했든지 간에 그것이 어떻게 사회를 위해 재탄생되었는가이다. 저우위퉁周予同이라는 중국의 학자가 세 학파를 정리해 놓은 말은 이 시기 학술사의 큰 흐름을 간결하게 설명하고 있다.

이 세 유파의 차이를 간단히 말하면 다음과 같다. 금문학은 공자를 정치가로 간주하고 육경을 공자의 정치 학설이라고 본다. 그래서 '미언대의'微言大義에 집중한다. 그것의 특색은 공리功利이고 그것의 폐단은 광망狂妄이다. 고문학은 공자를 역사가로 간주해서 육경을 공자가 정리한 고대 사료 정도로 여긴다. 그래서 '명물훈고'名物訓詁에 집중하는데 이것은 고증을 특징으로 하고 번쇄함에 빠지는 폐단이 있다. 송학은 공자를 철학가로 여기고 육경을 공자가 진리를 담은 도구로 간주한다. 그래서 심心, 성性, 이理, 기氣에 집중한다. 철학적 사유를 특징으로 하고 공허함이 폐단이다. 전체적으로 보면 세 유파는 각각 결점도 있고 장점도 있다. 금문경학이 발생하고 나서야 중국의 사회철학이나 정치철학이 분명해졌고, 고문경학이 발생하고서 중국의 문자학이나 고증학이 성립했고, 송학이 발생하고 나서야 중국의 형이상학이나 윤리학이 완성됐다고 말해도 결코 근거 없거나 견강부회는 아닐 것이다. 저우위퉁, 「서언」, 『중국경학사』(經學歷史)(천샤오밍 외, 『근대 중국사상사약론』, 45쪽)

이처럼 금문경학을 통해 유학의 새로운 해석이 가능해졌다. '대동'大同이란 말 역시 캉유웨이의 입을 거쳐 새로운 개념으로 재탄생한 것이었다. '대동'이란 단어가 중국 경전에서 가장 먼저 사용된 것은 『장자』莊子에서이지만, 현재의 대동사회와 가까운 뜻으로 쓰이기 시작한 것은 『예기』禮記 「예운」禮運편에서이다. 고대부터 지금에 이르기까지, 중국의 이상사회의 모습은 이 『예기』 「예운」편을 근거로 이를 어떻게 해석할 것이냐의 문제로 접근되어 왔다.

이 「예운」편은 위작 논란이 끊임없이 이어져 왔지만, 대체로 전국 말기 혹은 진한 교체기에 유가가 공자의 이름에 가탁하여 문답식으로 저작한 것으로 인정되고 있다. '대동'의 세계에서의 가장 큰 특징은, 천하는 공공公共의 것이었다는 '천하위공'天下爲公의 논리다. 이때 '대동'은 '소강'小康의 세상과 대비되어, 천하가 자기 한 몸만을 강조하는 '천하위가'天下爲家와 달리 천하가 공공의 것이라는 '천하위공'의 사회로 그려진다.

그럼, 이러한 '대동'을 캉유웨이는 어떻게 가지고 온 것일까? 그의 '대동'은 「예운」편에서 아이디어를 갖고 왔지만 완벽히 같지는 않다. 그가 『대동서』에서 그리고 있는 세상은 「예운」편에서 언급된 '대동'을 한 권의 책으로 펼친 구체적 모형이기는 하지만, 기존의 사상을 가지고 오는

데 그치는 것이 아니라 나름의 해석을 통해 자신만의 사상을 전개하고 있다. 그가 『공자개제고』를 통해 공자의 글쓰기가 술이부작述而不作, 성인의말을 전달할 뿐 자신의 설을 이야기하지 않음이 아니라 전통에 가탁해 공자 자신의 사상을 쓴 것이라는 평가와 유사하게, 캉유웨이 역시 고전이라는 경전에 가탁해 자신만의 독특한 사상을 펼쳐 내고 있는 것이다. 이것이 소위 금문경학이 가지고 있는 파괴력이었다. 경전의 힘을 빌려 세상을 뒤엎고자 하는 것!

그는 「예운」에 대한 주석을 단 『예운주』라는 책에서 기존의 해석과는 다르게 「예운」을 해석한다. 가장 큰 특징은 진화의 사고 속에서 대동이 사유되고 있다는 점이다. 이 시기 진화론은 그야말로 대세였다. 당대 사상가 중 그 누구도 진화론적 사고에서 자유로울 수 있는 이는 없었다. 옌푸嚴復가 헉슬리Thomas Huxley의 『진화와 윤리』Evolution and Ethics를 번역한 『천연론』天演論을 모든 중국 학생들이 머리맡에 두고 읽었다던 시기였다.

캉유웨이 역시 역사는 발전한다는 진화론적 사고의 자장 속에 있지만, 이는 서구식의 진화론을 그대로 수용한 것은 아니었다. 캉유웨이가 진화를 보는 시각은 『공양전』에서의 삼세설三世說의 영향이었다. 그는 「예운」에서의 '대동'大同과 '소강'小康의 도를 거란세, 승평세, 태평세의 시대구분과 연결시키고 있다. 즉 세상은 어지러운 '거란'의 세상을 거쳐, 조금 안정된 '승평'의 세대로 나아가고, 나아가 마침내는 '태평'한 세상, 즉 대동의 세상으로 나아간다는 것이었다.

전통 유학의 시간관은 맹자의 일치일란一治一亂론과 역학의 음양순환 사상에서 보이듯이 순환론적 역사관이었다. 하지만 직선적·발전적 역사관을 보여 주는 공양학파의 삼세설이 캉유웨이에 이르러 『예기』 「예운」편에 나오는 대동·소강의 설과 결합하여 이와 같은 대동 삼세설을 이루게 된 것이다. 이제 대동은 「예운」편에서 보이는 것처럼 과거 요순시대에 이루어졌던 과거가 아니라 미래에 이루어져야 할 모델이 되었다. 공자가 그렸던 것이 단지 과거의 역사적 사실이 아니라 미래의 지향점이라는 파격적인 해석상의 전환!

또 하나 특이한 점은 그가 '경계'라는 문제에 착목했다는 점이다. 그는 「예운」편의 내용과 유사하게 천하위공天下爲公의 논리가 관철되는 사회 이상을 그리고 있다. 하지만 이러한 대동의 세상에서의 원리로서 경계의 철폐를 이야기하고 있다. 『예운주』에서 "하늘만이 사람이 태어나는 근본"이기 때문에 사사로운 경계를 그어 제약하는 것을 그만두어야 한다는 데서 보이듯이 『예기』 「예운」편에서는 구체적으로 다루고 있지 않았던 경계에 대한 논의가 등장하기 시작한다.

또한 주목해서 보아야 하는 것은 공公이란 "모두가 하나임"이라고 설명하는 부분이다. 캉유웨이가 해석하는 대동의 세상은 차등과 차별이 없는 세상이고, 이 목적을 이루기 위해서는 모두가 하나가 되어야 하는 세상이다. '천하위공'과 '천하위가'의 대비 속에서 공과 사의 대비는 캉유웨이에게 와서 사私는 완전히 배제되어야 할 가치로 공公의 논리 속에

압도되어 버리고, 차등과 차별을 없애기 위해서는 같아져야 한다(同)는 논리로 전환된다.

이처럼 이 시기 금문경학은 전통사상을 가지고 와서 새로운 해석을 시도해 사라져 가는 전통 경학에 새 활기를 불어넣었다. 이는 전통을 빌려 전통을 해체하는 작업이었다. 전통은 이미 해체의 위기에 처해 있었고, 금문경학파들은 다시금 사라져 가던 경전에 새로운 숨결을 불어넣어 세상을 바꾸려 하였다. 신앙이 사라진 시대 그들은 사그라지는 신앙을 가지고 새로운 신앙을 재창조하고자 하였던 것이다.

물론 캉유웨이의 학문은 견강부회가 심하고, 제멋대로 이리저리 끼어 맞추는 방식이었다고 비판받는 경우도 많다. 그렇기 때문에 깊이가 있거나 하나의 사상적 완비성 내지 정합성을 결여하고 있었다고 볼 측면도 없지 않다. 실제로 량치차오는 스승에 대해 "그는 보고 들은 것이 많고 기이한 것을 좋아하여 이따금 거리낌 없이 증거를 말살하거나 왜곡하는 등 과학자가 절대 해서는 안 될 일을 범하였으니, 이것이 캉유웨이의 단점"이라고 평가한다.

하지만 이러한 방식 때문에 새로운 사상이 탄생할 수 있었다고 보는 것은 무리일까? 어떤 사상이든 그것은 읽는 이의 언어와 사유체계를 통해 재해석되고 분해되며, 해체되고 재구성된다. 그 과정에서 이질적인 것들이 뒤섞이고, 의도하지 않은 괴물이 튀어나오기도 한다. 하지만 오히려 그렇기 때문에 더 위험하고 새로운 사고가 가능할 수 있지 않을

까? 그런 점에서 캉유웨이가 학문하는 방식은 '깊이'가 없었다고 평가

할 수 있을지도 모르지만, 그로 인해 기존의 것들을 뛰어넘을 수 있는

'높이'를 갖게 되었다고 말할 수도 있지 않을까?

국가를 넘어

두번째 여행

'통함'(通)의

유토피아로

1
천지인, 만물은 하나다

만물은 하나다

무극無極이면서 태극太極이다. 태극이 움직여서 양陽을 낳고, 움직임이 극에 이르면 고요해지며, 고요해짐에 음陰을 낳고, 고요함이 극에 이르면 다시 움직인다. 한 번 움직이고 한 번 고요함이 서로 뿌리가 되어, 음으로 나뉘고 양으로 나뉘어, 양의兩儀가 세워진다. 양이 변하고 음이 결합하면서 수水, 화火, 목木, 금金, 토土를 낳는다. 오기五氣가 순조롭게 퍼져서 사시四時가 운행된다. 오행은 하나의 음양이요, 음양은 하나의 태극이며, 태극은 본래 무극이다. 오행이 운행함에 각각 자기의 본성을 하나씩 갖게 된다. 무극의 참됨과 음양, 오행의 정수가 묘하게 합하고 응결되어, 건도乾道는 남男이 되고, 곤도坤道는 여女가 된다. 두 기氣가 서로 감응하여 만물이 화생한다. 만물은

낳고 또 낳고 하여 변화가 끝이 없다. 주돈이, 「태극도설」(太極圖說), 함현찬, 「주돈이」, 성

균관대학교출판부, 2007, 64~65쪽에서 재인용

동양에서 우주를 상정하는 데 가장 기본이 된다고 할 수 있는 것은 태극
도太極圖일 것이다. 도대체 이게 무슨 말인지 처음 보는 사람들은 경기를
일으킬 만큼 어려워 보이지만, 낯설어서 그렇게 보일 뿐 복잡할 건 없
다. 일단 태극은 무극으로부터 나온다(태극이 무극이라고 해석하는 경우
도 있고, 태극이 무극으로부터 나온다고 해석하는 경우도 있으나 자세한 내
용은 복잡하니까 일단 패스하자). 이 태극이 움직여 음양을 만들고 이 음
양의 변화와 결합으로 오행이 생성된다. 그리고 여기서 만물이 생겨난
다. 일단 주의해서 보아야 할 것은 이 자체에 어떤 초월적인 외부적 존
재가 개입하지 않는다는 것이다. 그리고 이들이 하나의 근원에서 발생
한다는 점이다.

거의 대부분의 창조설화는 시작 단계의 혼돈 상태를 상정한다. 성경
에서 신의 목소리로 세상이 창조되는 것을 떠올리면 알기 쉬울 것이다.
그러나 동양에서의 우주론과의 핵심적 차이는 이러한 혼돈으로부터,
즉 하나의 거대한 무언가로부터 나온 존재들이 하나의 세계를 구성하
는 요소이자 그 세계로부터 분리 불가능하다는 점이다. 이는 아담이 그
런 것처럼 외부의 신이 자신의 숨결을 불어넣어서 만들어 냈다는 식이
아니라, 그냥 그렇게 생겨난 것이다. 그냥 그렇게.

하나의 태극에서 만물이라는 세상이 만들어졌다. 그리고 이 만물의 세계는 하나에서 나왔기 때문에 떼려야 뗄 수 없는, 헤어지려야 헤어질 수 없는 관계라는 것! 그런 점에서 동양에서의 세계는 하나이자 다수이고, 다수이자 하나인 세상이다.

크고 큰 원기元氣가 천지를 만들었으니 하늘은 하나의 물物의 혼질魂質이고 사람 또한 하나의 물의 혼질이다. 비록 형체에 크고 작은 차이는 있더라도 태원太元에서 호기呼氣를 나누어 만들어졌다는 점은 큰 바다에서 물방울을 떠내는 것과 다를 바 없다. 「대동서」, 24쪽

캉유웨이 역시 세계를 해석하며 위와 같이 시작하고 있다. 크고 큰 원기가 천지를 만들었고, 하나의 기의 바다라 할 수 있는 태원太元에서 세상이 만들어졌다는 것을 강조한다. 여기서 보듯이 그는 만물이 기氣로 이루어져 있고, 세상만물은 비록 차이가 있더라도 이 하나의 기를 나누어 갖고 있다. 이렇게 하나의 기에서 시작했기 때문에 하나-됨은 당연한 것이었다.

대인은 천지 만물을 한몸으로 여기는 사람인지라, 천하를 한 집안처럼 보고, 중국을 한 사람처럼 본다. 저 형체를 사이에 두고 너와 나를 나누는 자는 소인이다. 대인이 천지 만물을 한몸으로 여길 수 있는 것은 그것을 의도

해서가 아니라, 그 마음의 어짊이 본래 그와 같아서 천지 만물과 더불어 하나가 되는 것이다. 어찌 오직 대인뿐이겠는가. 비록 소인의 마음이라고 하더라도 또한 그렇지 않음이 없지만, 자기 스스로 작게 만들었을 뿐이다. 그러한 까닭에 어린아이가 우물에 빠지려는 것을 보면 반드시 두려워하고 근심하며 측은해하는 마음이 일어나는데, 이것은 그의 어짊仁이 어린아이와 더불어 한몸이 된 것이다. 왕양명, 「대학문」(大學問), 『전습록』 2, 정인재·한정길 옮김, 청계, 2007, 933~934쪽

이는 양명이 인을 천지만물과 하나됨이라고 설명하는 대목이다. 캉유웨이는 이런 양명에게서 많은 영향을 받았다. 당시 동아시아 근대 시기에 전통적인 주자학적 유학을 넘어서고자 하는 이들이 주목했던 사람 중 양명이 있었다. 주자는 인에 대해서 설명하는 경우에 '생명의지'라든가, '천지의 사물을 낳는 마음'을 말하면서도 만물일체의 주장을 인용하는 일은 극히 드물었다. 주자학에서는 보편성으로서의 리理가 기氣에 우선한 것으로 간주함으로써 초월성, 통일성을 강조했기 때문이다.

이에 반해 양명은 만물이 하나임을 강조하고, 리의 통일성보다 기의 역동성에 주목하였다. 이처럼 역동적이고 실천적 사유를 강조한 양명은 유교의 한계를 유교 내부의 목소리 속에서 살려 내고자 한 근대 동아시아 지식인들에 의해 부활하게 된다.

캉유웨이에게서도 양명과 마찬가지로 만물은 하나이고, 이는 자신과

분리될 수 없는 것이었다. 오히려 이러한 분리는 자신을 괴롭게 만드는 것으로 여겨진다. 그리고 이것이 바로 불인不仁의 상태로 설명된다. 따라서 인은 천지만물과 하나임을 느끼는 힘이고, 서로는 서로를 끌어당기는 힘을 가지는 것이다. 1부에서 말한 인仁과 만물일체설이 연결되는 지점이다.

하물며 자석도 끌어당기는데

원래 하나의 세계에서 나온 만물 간에는 당연한 끌림이 있다. 1부에서 끌림을 이야기할 때 이것이 단순히 윤리적 문제가 아니라 존재론적 문제라고 한 것은 이런 이유에서이다. 만물이 기를 나누어 갖고 있고, 하나의 근원元에서 나왔기 때문에 자연히 이러한 끌림이 있게 된다. 그런 점에서 다음 문장은 그의 생각을 핵심적으로 보여 주는 문장이다.

> 지각이 있으면 끌어들이는 성질이 있으니 자석도 그러한데, 하물며 인간에게 어찌 끌어들이는 힘이 없겠는가? 불인지심이란 바로 끌어들이는 힘이다不忍之心者 吸攝之力也. 『대동서』, 24쪽

이는 그가 인仁을 기본적으로 끌어당기는 힘으로 해석하고 있는 부분이다. 만물이 기로 통하는 세상에서 지각이 있는 사물들은 자연히 서로

를 끌어당김으로써 세계를 구성해 나가는 실체적 힘 속에 위치한다.

우리가 서로서로에게 이끌리는 것과 자석이 끌어당기는 힘이 있다는 것은 같은 차원의 것이 아니지 않냐고 반문할지도 모르겠다. 하지만 존재론적으로 보자면 우리 역시 자석과 동일한 바탕에서 나온 존재들이다. 우리가 서로에게 끌림을 갖고 있는 것은 우리 안에 있는 같은 기운들이 작용한 바라는 것. 그렇다면 이를 '존재 간의 공명'이라고 이름 붙일 수 있지 않을까? 서로를 끌어당기는 힘, 어떤 스파크가 튀는 순간, 그것은 차라리 어떤 울림이라고 할 수 있을지도 모른다.

따라서 그가 보기에 이러한 존재 간의 끌림을 막는 경계야말로 만물이 하나임을 의식하지 못하도록 만드는 것이었다. 동류인식이 좁게 설정되었을 때, 즉 자기의 가족이나 국가와 같이 좁은 경계로 설정되었을 때, 전체로서의 동류인식은 편협해진다. 그리고 이는 각각의 동류만을 우선시하는 갈등구조를 낳고, 그러한 구조 속에서는 필연적으로 불평등을 낳을 수밖에 없다. 캉유웨이가 바라본 세계는 기氣로서 하나로 통할 수 있는 세상이었고, 불인지심不忍之心, 이태以太를 통해 타자는 자기 자신과 분리될 수 없는 존재론적 기반 위에 서 있는 하나의 세계였다.

이는 경계 철폐를 주장하는 캉유웨이의 사고를 이어받은 탄쓰퉁 역시 마찬가지이다. 그는 『인학』仁學에서 캉유웨이의 논리체계와 비슷한 '사통'四通을 주장한다. 그가 말하는 사통은 첫째 '상하가 통하는 것'上下通, 둘째 '중국과 외국이 통하는 것'中外通, 셋째 '남녀가 통하는 것'男女內外通, 넷

째 '나와 남이 통하는 것'人我通이며, 이 네 가지가 통通하여 막히지塞 않으면 인의 도가 완성되어 세계가 통합된다고 주장했다. 상하가 통하지 못하는 것, 국가와 국가가 통하지 못하는 것, 남자와 여자가 서로 통하지 않는 것, 나와 남이 통하지 않는 것, 이 막힘의 구조를 깨고 통함의 세상으로 나아가야 한다는 것이다. 그리고 탄쓰통은 직접적으로 인을 통함의 논리와 연결시켜 설명한다.

> 인의 제1의 뜻은 통함通이다. 이태以太(에테르)나 전電, 심력心力이라는 것은 모두 통함通의 도구이다. 이태라든가 전이라든가 하는 것은 표면적인 것이며, 이들의 이름을 빌려 심력에 관한 것이 표현된다. 통의 의미는 "도는 통하여 하나로 된다"道通爲─고 하는 것이 잘 정리해 놓고 있다. **탄쓰통, 『인학』, 6쪽**

캉유웨이와 탄쓰통, 그들에게 인仁이란 단지 도덕적 덕목만은 아니었다. 만물일체관 속에서 자신과 타자를 나누는 경계의식은 하나임을 의식하는 데 장애물이 되고, 현실적 억압의 구조를 낳을 수밖에 없다고 생각되었다. 따라서 고통이라는 것을 제거하기 위해서는 이러한 만물일체 의식을 회복하는 것이 필요하다. 그래야만 통할 수 있다. 이는 좁은 경계의식을 벗어나는 것이라 할 수 있으며, 인仁의 정신을 회복하는 일, 통함의 사유를 실천하는 일이라 하겠다.

인仁이란 타자의 고통을 자신의 고통으로 인식하는 능력이자 만물과 자신이 분리되지 않음을 인식하는 능력인 것이다. 앞에서 이야기했듯 인仁이란 단순히 에로스나 아가페적 감정이 아니라 실재하는 힘이다. 그러나 또한 마찬가지로 그에게 인仁이라고 하는 것이 도덕적 의무나 연대의식의 고취로 파악될 수도 없다. 이는 동일함을 깨달을 수 있는 정신적 능력이며, 원래 하나 됨의 상태로의 복귀이다. 이러한 능력을 바탕으로 경계 없음을 깨닫는 것이 고통을 줄일 수 있는 길이다.

We are the World!

끌림은 존재론적으로 우리는 하나라는 논리와 연결된다. 다른 말로 하자면 우리는 서로를 끌어당기며 살 수밖에 없는 공생적 존재라는 것이다. 서구식의 개인과 달리 만물일체의 세계에서는 외부의 대상이란 나와 기氣, 신神을 통해 연결된 하나의 세계이다. 더 정확히 말하자면 외부란 내부의 바깥으로서 존재하는 것이 아니다. 이런 점에서 캉유웨이에게 경계란 '분리할 수 없는 것들에 대한 분리'이다. 우리는 원래 하나의 세계이다. We are the World!

이런 차원에서 보자면 서구의 개인이 '분할 불가능하다'in-dividual는, 더 이상 쪼개질 수 없는 단위를 말하는 것에 비해, 동양적 사고에서는 모든 개체는 항상-이미 집합체라는 의미에서 중생衆-生, multi-dividual에 가깝다 할 수 있다. 개인이라고 할 때의 individual의 어원이 더 이상 나눌 수 없다는 의미라 할 때, 이는 흔히 이해되듯이 고립되고 원자화된 개체를 의미하는 것은 아니다. 오히려 그렇게 쪼개져서 외떨어져서는 존재할 수 없다는 차원에서 우리는 언제나 중생일 수밖에 없음을 의미한다. 이는 단순한 비유나 억지가 아니다. 우리는 연기緣起적 관계 속에 하나의 세계 안에 이어져 있으며, 이 세계를 내 한 존재 안에 품고 있다. 부분이 전체이자 전체가 부분이다. 한 티끌 안에 온 우주를 머금었고, 우주 역시 한 티끌 안에서 모든 것을 드러낸다는 말은 이러한 뜻일 것이다. 이상의 논의는 이진경, 「생명과 공동체」, 『미-래의 맑스주의』, 그린비, 2006 참조

하지만 우리가 공생 혹은 공존을 말할 때 주의해야 할 것이 있다. 공존을 단순히 서로 사이좋게 잘 지내는 것이나 관용 정도의 의미로 축소 해석하는 것이다. 이러한 수동적 관계에서는 사이좋음이 단순히 미덕이나 윤리적 가치로서만 인식될 뿐이다. 그러나 더불어 산다는 것은, 수동적인 공존이라기보다 '함께 관계하며 존재'한다는 것이고, 이는 필연적으로 우리 모두가 더불어 살 수밖에 없는 집합체임을 인식하는 것이다. 너와 나는 다르지만, 그 다름을 인정한 채 건드리지 않고 그저 사이좋게 지내자라는 차원의 관용과는 다르다.

그것은 차이를 바탕으로 서로 간에 소통하고 관계하며 그 속에서 적극적으로 함께-함을 의미하는 것이다. 이는 모든 생명에서 마찬가지이다. 하나의 신체 역시 무수한 세포로, 기관으로 이루어져 있다는 점에서 분리할 수 없는 것들의 무리-지음이고, 이는 개체들의 집합으로서의 사

회 역시 그러하다. 그리고 그 속에서 세포와 세포, 기관과 기관은 서로 주고받는 과정에서 하나의 세계를 만들어 낸다.

인을 바탕으로 하나로 끌어당기는 세상, 그것을 인식하는 힘 그것이야말로 우리 존재를 구원할 수 있는 길인 것이다. 캉유웨이가 "산은 기가 끊기면 무너지고, 몸은 맥이 끊기면 죽게 되며, 땅은 기가 끊기면 못 쓰게 된다. 그렇다면 인간이 남에게 차마 하지 못하는 아름다운 자질不忍之心을 끊어 버린다면 인도는 장차 인멸하고 말 것"이라고 주장하는 것 역시 마찬가지다. 맥이 끊기면 몸이 죽게 되고, 기가 끊기면 산이 무너지고, 땅이 못 쓰게 되듯이 세계 역시 불인지심이라는 마음이 끊기게 되면 생명을 다할 수밖에 없다. 따라서 이 막힌 것을 풀어내어 통하게 하는 것이 그가 경계를 철폐하고 하나의 세계로 돌아가야 함을 주장하는 존재론적 구원의 핵심이었던 것이다.

2
통해야 산다,
통즉불통 通則不痛

흐르니까 생명이다

여기서 잠깐 옛날이야기 하나 하고 넘어가자. 옛날 옛적 중국에 곤鯀이
라는 사람이 있었는데, 그는 물을 다스리는 일을 맡고 있었다. 당시는
계속되는 홍수로 이 물을 어떻게 하면 다스릴 수 있을지가, 즉 치수治水
를 어떻게 할 것인가가 나라를 다스리는 데 가장 큰 문제였다. 곤은 피
해가 막심한 홍수를 막을 방법으로 제방을 쌓고, 둑을 쌓았다. 그러나
이는 한계가 있었다. 결국 이 일에 실패한 곤은 귀향을 가 죽게 되고, 그
의 아들 우禹가 물길을 막는 방식이 아니라 물길을 터 줌으로써 홍수를
막게 된다. 『서경』書經에 나오는 이야기이다. 『산해경』山海經은 이 일화를
약간 다른 관점에서 다음과 같이 기술하고 있다.

홍수가 나서 하늘까지 넘쳐흘렀다. 곤이 천제天帝의 저절로 불어나는 흙인 식양息壤을 훔쳐다 홍수를 막았는데 천제의 명령을 기다리지도 않고 그렇게 했다. 천제가 축융祝融에게 명하여 우산羽山의 들판에서 곤을 죽이게 했다. 곤의 배에서 우가 태어났다. 천제가 우에게 명하여 땅을 구획하여 구주九州를 정하는 일을 끝마치게 했다.

곤은 저절로 불어나는 흙을 가져다 홍수를 막았다. 그러나 몰래 이 흙을 훔친 죄로 곤은 죽게 되고, 그렇게 해서 죽은 곤은 삼 년 동안이나 썩지 않았다고 한다. 그리고 그 뱃속에서(?) 우가 태어난다. 후에 우임금이 되는 인물이다. 흔히 중국의 성인들을 한번에 나열해 '요순우탕문무주공'堯舜禹湯文武周公이라고 할 때의 그 우임금이다. 우는 아버지인 곤과는 달리 물길을 터줌으로써 홍수를 막는다.

이 이야기들은 무엇을 말하고자 하는 것일까? 이야기는 약간 다르지만, 둘 다 곤이 물의 성질을 거슬러 홍수를 막으려 했던 반면, 우는 물의 성질을 순하게 따라 물길을 터 주는 방식으로, 즉 통하게 함으로써 치수를 하는 데 성공했다는 메시지를 전달하고 있다. 다른 이야기 하나 더. 『여씨춘추』呂氏春秋에서는 다음과 같이 말한다.

무릇 사람은 삼백육십 개의 마디와 아홉 개의 구멍과 오장과 육부가 있다. 피부는 조밀하기를 바라고, 혈맥은 통하기를 바라며, 정기는 운행하기를 바란다. 이렇게 하면 병이 머물 곳이 없고, 추한 것이 생겨날 근거가 없게 된다. 병이 머물고 추한 것이 생겨나는 것은 정기가 막혔기 때문이다. 그래서 물이 막히면 더러워지고 나무가 막히면 굼벵이가 생긴다. 나라도 막히는 것이 있다. 군주의 덕이 베풀어지지 않고 백성이 바라는 바가 펼쳐지지 않는 이것이 나라가 막힌 것이다. 나라가 막힌 채 오래 지속되면 온갖 추한 것들이 한꺼번에 일어나고 모든 재앙이 무더기로 발생한다.

즉, 물이 막히면 더러워지는 것처럼 나무가 막히면 굼벵이가 생기는 것처럼 나라 역시 막혀서 재앙이 생기는 것이다. 이러한 통함에 대한 사유는 기본적으로 동양사상의 핵심이었다. 이는 우임금의 치수에 관한 에피소드에서도 마찬가지이다. 원래 물을 다스린다는 치수治水의 '치'의 방식대로 다스리는 것, 즉 정'치'政治해야 한다는 것이다. 그것이 물의 본성에 거슬러 막거나 메우는 방법을 사용한 곤은 실패하여 처형되고, 소통 혹은 통하게 하는 방법을 사용한 우는 성공하였다는 일화가 말해 주는 것일 게다.

막힌 것을 뚫어라!

앞서 치수라고 했을 때의 치는 치병治病이라 할 때 역시 마찬가지다. 앞서의 신화를 다른 눈으로 보면 생명체의 생과 사, 혹은 병과 건강을 이야기하는 것이라 할 수 있다. 즉 생명에는 흐름이 있고, 이 흐름에 변화가 생겼을 때가 병이고 흐름이 막혔을 때가 죽음이다.

이렇게 병을 흐르지 못하는 데서 비롯한 문제로 보는 것은 동양의 의서에서 반복해서 나타나고 있다. 『동의보감』東醫寶鑑에서도 "사람의 기혈氣血은 위 아래로 왕래하며 밤낮으로 쉬지 않고 돌아간다. 마치 강물이 바다에 닿을 때까지 끊임없이 동쪽으로 흘러도 고갈되지 않는 것과 같다. 고갈되지 않는 이유는 산과 강의 구멍이 모두 통하고 있기 때문이다. 물은 땅 속에서 순환하여 흐른다"고 지적한다. 즉 기일원론氣一元論적 세계에서 서로 간의 소통은 존재 자체가 생을 유지하기 위한 조건이다. 그렇기 때문에 자연스레 "통즉불통 불통즉통"通則不痛 不通則痛, 즉 통하면 아프지 않고, 통하지 않으면 아프다는 논리가 나오는 것이다. 동양의학에서의 핵심 역시 순환이라고 할 수 있다. 그리고 이는 세계 역시 마찬가지이다. 하나의 소우주인 신체도 그러한데 하물며 대우주에서랴!

오래 앉아 있다가 일어날 때 쥐가 나거나 일상생활에서도 피가 잘 안통해 손발이 찌릿찌릿 저리거나 하는 가벼운 마비증세를 경험해 본 일 있을 것이다. 동양 의서의 최고봉이라 불리는 『황제내경』黃帝內經에서는 "병이 오래되면 사기가 깊은 곳으로 들어가 영혈營血과 위기衛氣가 잘 돌지 못하게 되는데, 경락이 간혹 뚫리는 때가 있으므로 아프지는 않지만 피부를 잘 길러 주지 못하므로 불인不仁하게 된다"고 하였다. 그리고 이 때 불인이란 온몸이나 팔다리가 찌릿찌릿하게 마목痲木이 되며 아픔이

나 가려움은 잘 모르는데, 마치 팔다리를 줄로 묶었다가 풀었을 때 나타나는 느낌과 같다고 설명한다. 이 마목이 지금 말로 하면 '마비'이다.

그러나 이는 단지 의서에서만 한정된 사유방식은 아니었다. 주자의 스승으로 유명한 유학자 정명도程明道 역시 만물일체와 인을 연결시켜 사고하는 방식을 보여 준다. 그는 "의서醫書에서 손발이 마비된 것을 불인不仁"이라고 말하는 비유를 들어 설명한다.

> 의서醫書에서는 수족이 마비되는 것을 '불인'不仁이라고 하는데, 이 말은 '인'仁을 가장 잘 표현하고 있다. '인'이란 것은 천지만물을 일체로 보아 천지만물이 내 몸과 다를 바 없는 것으로 여기는 것이다. 천지만물이 자기의 몸과 일체라는 것을 인식하게 되면 '인'을 베푸는 것이 어느 곳엔들 미치지 않는 곳이 있겠는가? 만약 자기에게 '인'이 없다면 천지만물과 자기와의 교섭도 없어진다. 이는 손발이 '불인'하게 되면 기가 소통하지 않게 되어 손발 모두가 내 몸에 속하지 않게 되는 것과 같은 이치이다. 주희·여조겸 편, 「도체」 (道體), 「근사록」(近思錄), 이범학 역주, 서울대학교출판부, 2004, 28~29쪽

즉, 그는 '불인'이란 '기氣가 (몸을) 관통하고 있지 않은 것'으로 이는 자신과 한 몸이면서 그런 아픔과 가려움을 느낄 수 없는 것으로 해석하는 신선함을 보여 준다. 인이라고 하는 것을 딱딱한 윤리가 아니라 기가 통하지 않는다는 관점에서 해석한다. 본래는 자기 자신과 한 몸인 만물,

거기에서의 아픔과 가려움을 자기의 아픔과 가려움으로 느끼고, 다시 거기에 생명의지를 회복시키는 것, 그것이 바로 다름 아닌 '인'仁인 것이다. 막히고 체한 세계로부터 통함의 세계로, 이는 흐르는 세계를 다시 회복하고자 하는 열망이었으며, 경계 없는 통함의 세계라는 이상향이었던 것이다.

사통팔달, 만사형통!

거란세가 사사로움에 치우치고 막힘塞의 시대라면 태평세는 공공에 힘쓰고 통함通을 향하는 세계이다. 캉유웨이는 앞으로 이러한 통通의 시대가 도래하고 있다고 보았다. 과학기술의 발달로 인해 전 지구가 통함의 시대에 들어서게 된 것이다. 말 그대로 사통팔달, 만사형통의 세계!

> 만약 대동세가 되어 한 국토에서 살고, 전기기술이 정밀히 발달하며, 비행기가 하늘을 날게 된다면 열대지방과 온대지방의 거리는 불과 5천 리밖에 안 된다. 지금 미국에서는 자동차로 한 시간이면 270리를 갈 수 있어서 하루면 거의 5천 리를 갈 수 있다. 더구나 수천 년 후면 5천 리는 불과 한두 시간이면 갈 수 있어서 잠시 눈을 붙이는 사이에 도착할 수 있는 것 같고, 또 집 안에서 오가는 것 같을 뿐이다. 『대동서』, 464쪽

당시의 세계는 시공간의 압축이라고 할 만큼 공간에 대한 감각의 확대를 가져왔다. 교통과 통신기술이 발달해 지구라는 공간이 시야에 들어오기 시작한 것이다. 이제 지구 반대편이 절대 가 볼 수 없는 곳이 아니라, 언제든 갈 수 있는 하나의 세상이라는 인식이 가능해졌다. 실제로 당시의 중국 지식인들은 이집트나 유럽의 박물관 등을 여행하면서 고대의 서양은 현대의 서양보다 오히려 고대의 중국과 더 유사하다고 생각했다. 서양과의 차이는 단지 지리적 장벽이나 커뮤니케이션의 부족으로 벌어졌을 뿐, 근대 교통의 발전은 이러한 국가 간 장벽으로 인한 차이들을 허물어 다시 하나로 되돌아가게 할 것이라 믿었다. 이런 점에서 볼 때 캉유웨이의 대동의 세계, 국가의 경계를 넘어서는 보편적 공동체는 역시 이러한 교통의 발전을 포함한 기술의 발전으로 인한 소통 가능성의 증가에 대한 희망의 결과였다.

같은 지구에 태어났으므로 온 세상 여러 나라의 모든 인류는 나의 동포로서 모습만 다를 뿐이므로 그들과 얼굴을 마주 대하면 곧 친해질 수 있는 것이다. 나는 인도, 그리스, 페르시아, 로마 및 근세의 영국, 프랑스, 독일, 미국 등 여러 나라 선철들의 사상의 정수를 이미 충분히 섭취했고 그것을 혼과 꿈속에서까지 통하였다. 또한 만국의 원로, 석학, 명사, 미인과도 직접 교분을 가져 친한 사이가 되었다. 그리고 세계 각국의 궁실, 의복, 음식, 배, 수레, 일용집기 및 정치, 교육, 예술, 음악 따위의 신기하고 멋있는 것들

을 매일 받아들여 씀으로써 마음에 자극을 주고 내 혼기를 감동시켜 움직이게 하고 있다. 「대동서」, 25쪽

주관적 거리감의 압축뿐만이 아니었다. 이와 동시에 현미경을 통해 시선은 미시 세계까지로 확대되었다. 대동세의 과학은 눈부시게 발전하여 현미경 역시 현재로는 상상하지 못할 정도로 수만 배 수억 배 정밀해질 것이라고 그는 예상했다. 이로써 오늘날 개미만 하게 보이는 것을 코끼리만큼 확대해서 볼 수 있으며, 더 나아가서는 미생물을 푸른 하늘을 짊어질 대붕만 하게 볼 수 있을 것이라고 말한다. 그가 대동세상을 꿈꿀 때 인류뿐만이 아니라 모든 생물의 고통을 없애고자 한 데는 이런 세계관의 확대가 바탕에 있었다.

이와 같이 수천만 배 배율의 현미경을 사용해서 보면 큰 것과 작은 것이 모두 같다는 대소제동大小齊同의 의미를 깨달을 수 있고, 전기나 광선이 일 초에 수십만 리를 달리는 것을 알게 되면 느림과 빠름이 모두 같다는 구속제동久速齊同의 의미를 깨달을 수 있다는 것이 그의 생각이었다. 과학기술의 발전이 그의 보편적 세계인식의 확대를 가지고 온 것이다.

그리고 이는 실제로 그에게 새로운 인식의 변화를 가지고 왔다. 그는 "비스마르크가 프랑스 스당Sedan을 불태웠을 때 내 나이 열 살이 넘었는데도 그다지 슬픈 것을 몰랐다가, 그것을 소재로 한 영화에서 시체가 초목 사이에 버려져 있고 집이 모두 탄 것을 보고서야 전율을 느끼게 되었

다."『대동서』, 23쪽고 말한다. 이는 문명의 발전으로 인한 주관적 거리의 축소와 그로 인한 인의 범위의 확대를 의미한다.

이는 내가 어렸을 때는 감각이 없어서 느끼지 못했던 것이 아니라 눈으로 직접 보지 못했기 때문이다. 보고서 느껴지는 것은 대상의 형체와 소리가 눈과 귀에 전해져 혼기魂氣를 자극함으로써 슬프고 아프게 나의 양기에 엄습해 오고, 은밀하고 고통스럽게 음기에 들어와 주저주저하면서 스스로 그만둘 수 없는 것이니, 이것은 무슨 전조일까? 그것이 유럽인들이 말하는 이태以太(에테르)일까? 옛사람들의 이른바 불인지심不忍之心일까?『대동서』, 23쪽

눈으로 직접 볼 수 없기 때문에, 대상에 대해 가슴으로 느낄 수 없었지만 이제는 그들의 고통을 직접 눈으로 볼 수 있기 때문에 그들과 하나임을 절실히 깨닫는다. 즉, 기술의 발달은 공간적 문제, 즉 주관적 거리의 문제를 해소시켰다. 이는 가시성의 확대를 가져왔고, 이는 감각 세계 자체의 변화를 가져왔다. 이렇게 해서 그가 느끼는 시공간은 무한대로 뻗어 나간다. 그는 앞으로 500년, 아니 1000년 뒤의 세계를 상상하며, 우주에까지 궁금증을 넓혀 간다.

앞으로 500년, 아니 1000년 뒤의 세계는 어떠할까? 인간의 영혼, 인체 해부, 혹성과의 의사소통에는 어떤 변화가 일어날까? 혹성의 세계에 존재할

지도 모르는 기후, 물체, 생물, 국가, 문화, 의식, 음악, 문학, 의식주 등을 상상하고는 멀리 떨어진 세계가 생존 궤도를 따를 것인지 또는 파멸할 것인지 궁금하기도 했다. 나의 상상은 시공의 영원한 신비로 뻗어갔다. 캉유웨이,

『강남해자편연보』(康南海自編年譜), 굉업서국(宏業書局), 1976, 12쪽

이러한 보편적 공동체의 희망은 그가 온 세계를 구제하겠다는 성인으로서의 의식 속에서 하나의 기일원론적 세계관이 결합된 것이다. 이 위에 과학기술의 발달은 그동안 보지 못했던 세계로까지 그의 만물일체관을 확대시킨 것이었다. 그리고 이러한 소통 가능성에 대한 희망은 캉유웨이가 만물일체관으로 전 세계를 아우르는 보편적 공동체 의식을 갖게끔 했다. 모두가 하늘이 낸 자식이니 실제로 같은 동포라는 발상 속에서 인류는 보편적 공동체의 한 형제로서 의무와 책임을 나누어 갖는다. 한 가정에서 태어나 집안 사람들의 보살핌을 받으며 자랐으니 가족으로서의 책임이 있듯이, 한 나라에 태어나 그 나라의 문명의 혜택을 입고서 지식을 갖추게 되므로 백성으로서의 책임과 의무가 있고, 같은 지구에 태어났으므로 온 세상 여러 나라의 모든 인류는 동포로서의 책임과 의무가 있다는 것이다.

따라서 이러한 책임을 저버리고 타인이 고통받는 것을 방치하는 것은 나의 고통을 늘리는 것뿐만 아니라 책임을 저버리는 것이기도 하다. 만물일체의 세계관 속에서 소통은 선의 기초이며, 이 소통의 단절과 왜

곡은 악이다. 자연스러운 흐름은 하나–됨의 기쁨을 인식하게 한다는 점에서 선이고, 이 흐름의 억압과 차단은 고통스러운 우울증을 유발하는 악이 될 것이다.

그는 방안 가득 모여서 술을 먹을 때 한 사람만이라도 구석에서 등을 돌린 채 눈물을 흘리면 그 때문에 즐겁지 못한데, 지금 구석에서 등을 돌린 채 눈물을 흘리는 자가 태반이 넘는다면 방안 가득 모여 술을 마시는 사람들이 즐거울 수 있겠는가라고 묻는다. 이 속에서 보편적 세계주의는 국가주의에 맞서는 전 지구적 공동체로서의 만물일체관이 강조되고, 여기서 더 나아가 모든 경계를 뛰어넘는 공동체로 사유된다.

세계의 한 부분이 마비된 경우라면 어찌 자신의 고통이 되지 않겠는가! 그리고 이때 마비라는 것은 단지 비유만이 아님은 다들 아시리라. 그렇다면 이렇게 마비 증세를 풀기 위해서는 하나의 세계로 가야만 했다. 국가라는 경계를 넘어서고자 하는 것 역시 이러한 노력의 하나였다. 캉유웨이, 그는 진정한 코스모폴리탄이었다. 아니, 지구뿐만 아니라 모든 생명체 간의 평등을 이야기한다는 점에서 코스모폴리탄이라는 말로도 부족할지 모른다. 그럼 그가 어떻게 국가를 넘어 하나의 보편세계를 구상하려 했는지 이야기를 들어 보자.

3
국가를 넘어, 하나의 보편세계로

만인은 만인에 대해 늑대

캉유웨이는 가족이 나와 남을 구별 짓게 하는 기본적인 경계라고 생각했지만, 당장 가족제도를 없애긴 힘들다는 점 역시 인정하고 있다. 대동세에 이르기 위해서 가족은 사라져야 하지만 현실적으로 지금 당장 전면적으로 가족을 없앨 수는 없었다. 그렇기 때문에 그는 우선 국가 간의 경계를 철폐해야 한다고 주장한다. 그리고 이는 가족제도와 달리 현실적으로 충분히 가능하리라 믿었다.

당시는 서구의 침략으로 중국의 멸망이 눈앞에 다가와 있던 시기였다. 그런데 그는 국가를 강화해 이를 지키자는 게 아니라 오히려 아예 개별 국가들을 하나로 합쳐서 이를 돌파하고자 했다. 그는 명쾌하게 한

마디로 정리한다. 전쟁의 원인은 국가라는 경계가 있기 때문이며, 국가가 있는 한 전쟁은 끊이지 않을 것이라고. 따라서 국가를 없애는 일은 대동세상으로 가기 위한 급선무라고.

국國이라는 글자가 있어서 스스로 국경을 만들어 그 해독이 막대해서 사람들로 하여금 영원히 다투는 마음을 갖게 하여 화목하지 못하게 했으며, 영구히 사심을 갖게 하여 공평하지 못하도록 하였다. 그러므로 국이라는 글자와 뜻을 깨끗이 없애 버리지 않으면 사람마다 다투려는 뿌리, 죽이려는 뿌리, 사사로운 뿌리를 어디서부터 없애야 할지 방법이 없고, 성품은 무엇을 통하여 선善에 이르게 할지 방법이 없게 된다. 『대동서』, 226쪽

원래 '국國'이라는 글자는 '구'口 자와 '역'或 자로부터 온 글자로, 처음에는 '구'라는 글자가 없이 '역' 자로만 사용되었다. '역'或이라는 글자를 뜯어보면 '창'戈과 '구'口가 합쳐진 글자임을 알 수 있다. 여기서 '구'는 경계 혹은 국토의 의미이고, '창'으로써 그것을 지킨다는 의미이다. 국가란 원래 처음부터 그렇게 경계를 세우고, 그 안의 것들을 무력으로 지키기 위한 것이었다.

캉유웨이는 이러한 국가의 속성을 누구보다 잘 짚어 내고 있다. 그가 보기에 국가로 인한 경계를 유지한 채 군대를 없애는 것은 호랑이나 이리에게 채식을 하라는 것과 같았다. 아니 요즘 돌아가는 상황을 보면 호

랑이나 이리를 채식하도록 바꾸는 게 오히려 국가들이 군대를 없애게 하는 것보다 빠를 수 있을지도 모를 일이다.

그렇기 때문에 군대를 없애려 하는 자는 반드시 국가를 없애야 한다고 주장한다. 전쟁이란 국가가 존재하는 이상 사라지지 않기 때문이다. 전쟁을 막기 위해 만든 국가가 전쟁을 양산하는 아이러니! 사람들은 전쟁을 하면서 그것을 항상 평화를 위한 전쟁이라고 말한다. 하지만 결국 그 도달하고자 하는 평화란 계속 유예될 뿐, 전쟁상태만이 계속된다.

이는 역사적 전개과정을 보아도 그대로 입증된다. 근대 국가는 우리가 잘 알고 있듯이 전쟁을 '막는 과정에서' 만들어졌다. 중세사회가 붕괴하면서 유럽의 각 국가들은 전쟁을 수행하기 위해 관료제와 상비군을 조직해 나갔고, 이것이 근대 국가 체제의 기원이 되었던 것이다.

이를 정치인류학에서 이야기하는 국가의 탄생과정과 비교하는 것도 재미있을 것이다. 우리의 예상과는 달리 원시사회에서는 전쟁이라는 수단을 통해 국가가 형성되는 것이 오히려 억제되어 왔다. 원시사회에서는 국가와 같은 중앙집권화된 조직이 등장하게 되면 전쟁을 통해 이러한 조직화를 분해시켜 버렸던 것이다. 클라스트르Pierre Clastres의 책 제목인 '국가에 대항하는 사회'가 이를 단적으로 말해 준다.

우리가 흔히 생각하듯 원시사회는 미개사회가 아니다. 다만 어떤 역사적 단계에서 국가를, 문명을 거부한 사람들이었을 뿐이다. 이때 전쟁은 국가를 만들기 위한 것이 아니라, 국가를 낳을 수도 있는 권력의 집중을 막는 수단이었다. 그렇기 때문에 전사와 추장은 둘로 분리되어야 했던 것이며, 그것이 하나로 집중되는 순간 국가는 탄생하였다. 즉 국가의 탄생은 전쟁을 위한 보다 효율적인 집단으로의 변화 과정이었다고 보아도 과언이 아니다. 인류학적으로 국가는 전사와 추장이 '하나'가 되면서 왕의 탄생과 함께 등장하게 된 것이다.

다시 근대로 넘어와 보자. "만인은 만인에 대해 늑대"라는 말이 보여주듯, 인간은 항상 자기보존의 위험에 놓여 있다는 것이 근대 정치사상가들의 주장이었다. 그리고 이를 위해 각 개인은 안보를 보장할 거대한 괴물, 리바이어던을 필요로 하게 된다. 홉스Thomas Hobbes가 말하는 국가는 그렇게 탄생되었다. 개개인은 자연상태, 즉 전쟁상태에서 갖고 있던 자신의 권리를 포기하고 계약을 통해 사회상태로 들어가지만, 주권자는 유일하게 자연상태로 남아 무소불위의 권력을 행사한다.

그러나 이렇게 유일한 권력의 담지자로서 등장한 국가가 모든 전쟁을 막아 줄 수 있을까? 이 절대적인 힘을 가진 주권자는 백성들 간의 전쟁을 막을 수 있을지 몰라도 외부와의 전쟁은 피할 수 없다. 전쟁을 막기 위해 등장한 국가가 오히려 전쟁을 위한 기계가 되는 예는 그동안 수없이 보아 오지 않았던가! 국가 간에는 전쟁을 막기 위한 리바이어던과 같은 절대적인 존재가 부재하기 때문에 국가는 외부의 적과의 전쟁상태에 돌입하지 않을 수 없다. 이를 '만국의 만국에 대한 전쟁상태'라고 부를 수 있지 않을까? 따라서 루소의 지적대로 전쟁은 사람과 사람 간의 관계에서가 아니라 국가와 국가 간의 관계에서 발생하는 것이라 말할 수 있다.

이렇게 보자면 어떤 민족이나 어떤 국가도 선천적으로 유달리 폭력적이거나 침략적이지는 않다. 그렇기 때문에 전쟁을 어떤 개별 국가의 문제로서 접근하는 것이 아니라, 그러한 전쟁을 양산할 수밖에 없는 국가 간의 경계라는 시스템의 문제로 접근하지 않으면 우리는 언제나 문제의 주변만을 맴돌 수밖에 없다. 좋은 민족주의와 나쁜 민족주의, 좋은 애국심과 나쁜 애국심, 좋은 국가와 나쁜 국가로 나누어 나쁜 부분, 타락한 부분을 제거하면 문제가 해결되리라는 환상이 바로 그것이다. 캉유웨이가 보기에 국가간 경계라는 이 사사로운 뿌리를 제거하지 않는한, 전쟁은 없어지지 않는다.

그러나 이것이 단지 물리적인 전쟁뿐만일까? 소위 경쟁력이라는 이름으로 스펙전쟁에 내몰리고 있는 우리들은 전쟁 중인가, 아닌가? 하지만 전쟁에서 한 번 승리했다고 해서 안심할 수는 없다. 또 다른 전쟁이 기다리고 있으니 말이다. 경제전쟁의 시대, 여기서 우리는 어느새 우리도 모르게 경제라는 최전선에 서 있다. 여기서 한 발짝이라도 무너지면 마치 큰일이라도 날 듯이, 경쟁력을 키우기 위해 모두 안달이 나 있다.

이런 점에서 홉스가 전쟁이라는 것은 싸움 혹은 전투행위의 존재 유무만으로 판단하는 것이 아니라, 전투상태로 대립하고자 하는 의지가 충분히 확인되는 시간적 공간 역시 전쟁, 즉 전쟁상태라는 말은 시사하는 바가 크다. 즉, 그는 실제로 총과 칼이 교차하는 전쟁만이 아니라, 불안과 공포 속에서 전투상태의 의지가 계속되는 상태, 즉 인간이 인간에 대해 늑대인 상태 역시 전쟁이라 말한다. 아마 그가 지금의 현실을 보면 자신의 말이 맞았음에 득의의 미소를 짓고 있을런지도 모를 일이다.

이러한 문제는 문명이 발전하면 발전할수록 더욱 심해졌다. 문명의 발전과 함께 전쟁의 참혹함은 그 파괴력을 더하기 때문이다.

옛날 전쟁은 칼로 하는 것으로 한 사람이 겨우 한 사람밖에는 죽이지 못했는데, 지금의 전쟁은 화약이나 독물을 써서 죽이므로 스당에서는 수십만 명이 하룻저녁에 모두 재로 변했다. 「대동서」, 201쪽

문명국일수록 전쟁으로 인한 참화는 더욱 극렬하다는 것이다. 이는 지금 세계에서 더 분명하게 드러나고 있지 않은가? 신문기사에서, 텔레비전 화면에서 전쟁 장면이 나와도 이제는 무감각해져 버린 것이 현실이다. 어쩌면 전쟁이 나니 조만간 주식값이 떨어지겠는걸 하는 생각이 전쟁 때문에 벌어진 참상에 대한 생각보다 먼저 드는 경우가 더 많을지 모른다. 과거의 전쟁이란 얼굴과 얼굴을 맞댄 어떻게 보자면 인간적인 결투였다면, 이제는 무차별적인 살육이다. 얼굴 없는 총성, 아니 그것마저도 이제는 모니터 화면을 보고 스위치 하나만 누르면 마을 하나가 사라져 버리는 얼굴 없는 전쟁이 된 것이다. 그러나 기껏해야 불쌍하다는

생각만 들지 전쟁을 어떻게 없애야 할지는 누구도 생각하지 않는다.

그렇다면 이것이 단지 착한 국가가 들어서면 해결될 수 있는 문제일까? 국가들 간의 협력이 잘 이루어지면 해결될 수 있는 문제일까? 소위 국가들 간의 안보딜레마의 구조 속에서 이를 해결할 수 있는 길은 없다. 저쪽이 언제 쳐들어올지 모르니 우리가 더 많이 준비해야 해라고 생각하고, 그 반대쪽 역시 똑같이 생각한다. 저쪽이 군비를 저렇게 증강하니 그럼 우리도. 이렇게 공포의 사다리는 끝없이 계속 올라간다.

따라서 캉유웨이는 국가 간의 경쟁이라는 구도 속에서 평화란 있을 수 없다고 말한다. 설혹 평화가 있더라도 그것은 잠시의 휴전일 뿐, 평화는 아니다. 그런 점에서 클라우제비츠Carl von Clausewitz가 『전쟁론』Von Kriege에서 말하는 "전쟁은 다른 수단에 의한 정치의 지속"이라는 말은 항구적인 전쟁상태를 가리키는 것이리라! 그런 점에서 이렇게 말할 수도 있을 것이다. 국가란 '전쟁 중'이거나, '전쟁 준비 중'이거나라고. 전쟁이 다른 수단에 의한 정치의 지속이 아니라, 정치가 다른 수단에 의한 전쟁의 지속이다. 평화를 위한 전쟁이라는 이 말도 안 되는 이상한 어법. 그렇다면 캉유웨이에게 정치란 무엇이었을까?

대동세에는 군대가 없으며 지혜를 계발하고 덕을 이루고 수명을 연장하고 인생을 즐겁게 하는 것을 정치의 목표로 삼는다. 지혜를 계발하고 덕을 이루는 까닭은 신체를 보호하고 인생을 즐겁게 하기 위해서다. 그러므로 신

체를 보호하고 인생을 즐겁게 하는 정치가 더욱 중요한 것이다. 『대동서』, 514쪽

따라서 그가 보기에 정치란 전쟁과 달라야 한다. 정치의 목표란 군대를 유지하고, 국가를 지키는 데 있는 게 아니라 지혜를 계발하고, 덕을 이루고, 수명을 연장하고, 인생을 즐겁게 하는 것이어야 한다. 지배와 폭력의 이미지가 아니라 신체를 보호하고 인생을 즐겁게 하는 정치!

가족이 존재하는 한, 가족과 남을 구별하듯이, 모든 인류에 대한 보편적 사랑 없이는 개별 국가들로의 국소적인 사랑에 매몰될 수밖에 없다. 이것이 바로 갈등을 일으키는 원인이 된다. 따라서 부분적이고, 국소적 사랑이 가능하려면 보편적 사랑이 전제된 때에만 가능하다. 그렇지 않으면 이 모든 집단들은 항상 상호 간에 충돌하고, 사회 전체의 이익과 대립하는 이른바 특별한 집단적 자아로 변한다. 홉스가 말하는 대등한 능력을 소유하는 개인들이 끊임없이 투쟁과 불안정을 조성하는 '야수상태'가 그것이리라.

캉유웨이에게는 인간의 이기심, 자기가 속한 집단에만 쏟는 '차별애'라는 국소적인 사랑이 보편적인 사랑으로 전화하지 않는 한, 즉 경계를 철폐하지 않는 이상 이러한 야수상태는 사라지지 않는다고 보았다. 따라서 보편세계를 만들어 경쟁을 없애는 것만이 더 이상의 전쟁을 없애고 늑대들의 사회에서 벗어날 수 있는 길이었다.

경쟁을 거부하라

그가 보기에 현 국가체제하에서는 모든 것이 전쟁이다. 사회도 마찬가지다. 그런 점에서 경쟁은 전쟁의 순화된 이름이라고 부를 수 있을 것이다. 물론 그 역시 경쟁을 전적으로 부정하는 것은 아니다. 하지만 경쟁이란 승평세에서는 진화를 위해 필요한 것이지만, 태평세에서는 금지되어야 하는 네 가지 금법 중 하나이다. 유토피아라고 해서 모든 걸 자기 맘대로 하는 것은 아니다. 게으름, 혼자만을 존귀하게 여기는 것, 경쟁, 인공유산이 바로 그 네 가지 금법이다. 그중 경쟁에 대해 다음과 같이 말한다.

최근 진화론에서는 약육강식의 경쟁을 지극히 당연한 삶의 이치로 보고 있다. 그로 인해 나라 간에 병사를 두어 서로를 감시하고 멸망시키는 것을 당연시하게 되었다. 또한 개인과 개인끼리 서로 속이고 모함하여 기만하고 능멸하는 것을 좋은 계획이라 여기게 되었다. 만사에 경쟁을 기본으로 하게 되어 재능과 지능도 경쟁을 거친 후에야 진보하고, 기예도 경쟁 후에야 정교해지게 되었다. 따라서 우열과 승패를 자연의 법칙이라 여기게 되어 상업으로 생계를 이어가는 경우에는 더욱 경쟁을 중요한 덕목으로 삼게 되었다. 이것은 다만 인간의 착한 마음을 파괴할 뿐만 아니라 다시 그 자신은 물론 집안까지 기울게 하는 것이다. 그러니 어찌 하늘의 도리를 이루는 일과 하늘의 도리를 돕는 것에 대하여 알 수 있겠는가? 『대동서』, 544쪽

경쟁이란 인간의 착한 마음을 파괴할 뿐이고, 하늘의 도리에 어긋나는 일이다. 따라서 경쟁을 삶의 당연한 이치로 받아들이는 진화론은 공리가 될 수 없었다. 그는 보다 직접적으로 다윈의 학설을 반박한다. 다윈은 하나를 알아도 반밖에 이해 못하는 자로, 사람들로 하여금 경쟁을 당연한 것으로 여기게 만들었다는 것이다. 그가 보기에 진화론이란 무지의 산물이며 도덕을 타락하게 만드는 원인이었다.

물론 다윈이 말하는 진화는 스펜서류의 사회진화론과는 다르다. 다윈이 말했던 진화는 강자가 살아남고 약자는 도태된다는 약육강식의 논리와는 다르다. 오히려 적응력이 있는 것이 살아남는 적자생존이라는 개념이 더 타당하다. 강한 자가 살아남는 것이 아니라 우연히 적응하게 된 것이 살아남는 것이다. 여기에는 어떤 목적론도 없으며, 적응한 자가 강한 자라는 등식도 성립할 수 없다. 하지만 다윈의 용어는 다양하게 해석될 여지가 있었고, 자신의 이론이 왜곡되게 쓰이는 것에 대해서 적극적인 자세로 분명한 의지를 밝히지 않았다. 그리고 그의 생물학적이고 간혹 정치적 성향을 보여 주는 견해가 그의 논의를 사회진화론적이며 인종위생학적인 방식으로 독해될 길을 열었다.

물론 캉유웨이가 이런 복잡한 상황을 알았을 리는 만무하다. 여하튼 캉유웨이는 다윈의 진화론을 사회진화론적으로 받아들였으며, 따라서 그에게 진화론은 생존경쟁이라는 뜻이었다. 사회진화론은 이 당시를 휩쓴 거대한 조류였다. 당대의 지식인들 가운데 그 어느 누구도 이 조류를 피해 갈 수는 없었다. 과학과 같이 눈에 보이고 실증 가능한 이론이라는 무기를 갖춘 사회진화론이 근대 동아시아에서 무소불위의 힘을 발휘했던 것이다.

그러나 캉유웨이는 이와 달리 경쟁이란 대동세에는 필요가 없으며, 있어서도 안 되는 것이라고 생각했다. 왜냐하면 경쟁이란 다른 종족, 국가 간에는 부득이한 것이지만 동포 간에는 해가 될 수밖에 없기 때문이다. 경계가 철폐되어 모두가 형제인 한 집안에서 경쟁이란 인심을 해치는 것일 뿐이라는 이유에서였다. 따라서 국가 간의 경쟁이란 하나의 집안 싸움에 불과하고, 이를 해결하려면 국가의 수를 줄여야 한다고 주장한다.

그러므로 국가가 적을수록 전화戰禍는 적어질 것이며 국가가 많을수록 전화가 많아질 것이다. 짐짓 양자를 서로 비교하면 한 사람의 군주에게 압제를 받는 것보다는 다국강쟁多國强爭으로 빚어지는 참화가 더 클 것이다. 「대동서」, 177쪽

그렇기 때문에 그는 국가 간 경쟁으로 인한 폐해보다 차라리 한 사람의 군주에게 압제를 받는 것이 더 낫다고까지 말한다. 국가의 수를 줄여라. 이것이 전쟁을 줄이는 길일지니. 국가의 수는 많으면 많을수록 전쟁을 피할 수 없는 것이며, 그렇기 때문에 그에게는 과거 진나라의 국가통

합이 큰 의미를 갖는다. 물론 진나라로 통일되기까지 피비린내 나는 전쟁의 과정이 있었지만, 그것이 결국 전쟁을 없앤 것처럼 대동세계로 가는 과정 역시 하나의 국가로 통합되어야 한다고 보았다.

하지만 그의 제자였던 량치차오의 역사인식은 정반대였다. 량치차오는 전국시대가 경쟁을 바탕으로 문명의 발전을 가져와, 중국사에서 가장 찬란히 문명을 꽃피웠던 시기로 본다. 이는 캉유웨이가 전국시대를 모든 국가가 밤낮으로 전쟁에만 몰두하는 중국사에서 최악의 시대였다고 보는 것과 분명히 구별된다. 동아시아에서 근대 사상의 아버지라고 불리는 량치차오가 그의 스승과 갈라서는 부분이다. 그는 캉유웨이의 밑에서 수학하면서 대동세계의 구상에 감탄을 금치 못한다. 그의 제자 가운데『대동서』를 최초로 읽은 이도 량치차오였다. 또한 이 책이 출판된 후의 파장을 고려해 출판을 꺼려하던 스승에게 인쇄와 유포를 끈질기게 주장하던 제자 역시 량치차오였다.

그러나 그가 이후 선택한 길은 대동이라는 구상이 아닌 근대 국민국가의 확립이었다.『신민설』新民說에서 경쟁을 '문명의 어머니'라고 하며, 경쟁이 멈추면 문명의 진보도 멈추는 것으로 파악하는 것은 이를 여실히 보여 준다. 국가가 사라진다면 경쟁은 없어지고, 문명 또한 없어져 버려 야만으로 돌아갈 수밖에 없다고 본 것이다.

캉유웨이 역시 거란세, 승평세에서의 경쟁은 어쩌면 문명을 위해 필요한 것이었다. 그러나 스승이 보기에 대동세에서는 이런 경쟁을 넘어서는 원리가 필요했다. 같은 천하 아래 사는 이들 간에 국가가 무슨 경계가 되겠는가. 그리고 이 보이지도 않는 선을 기준으로 죽자살자 덤비는 꼴이라니. 그 경쟁구도를 넘어서지 않고서는, 자기와 남을 분별하는 것으로는 결국 경쟁을 멈출 수 없다. 경쟁의 수레바퀴를 멈추고 환대의 원리로! 캉유웨이라면 모든 국가의 경계가 없어지고, 가족이 사라진 이상 모두는 모두에게 이방인이고, 우리는 모두에게 환대의 의무를 갖아야 한다고 말했을지 모를 일이다. 그것이야말로 국가라는 경계가, 민족이라는 경계가 사라진 세상일 것이다.

국가 체제를 넘어 세계공동체로

현존하는 국가 체제를 넘어, 캉유웨이는 국가를 없애고 하나의 단일한 세계정부를 기획한다. 이런 점에서 캉유웨이의 세계정부는 지금의 UN에 비할 바가 아니다. 대동세상은 모든 국경을 없애고, 모든 정부를 없애는 것까지 나아간다.

　물론 이것이 일시에 이루어질 수는 없다. 그는 국가를 없애기 위해서는 단계가 필요하다고 보았다. 첫번째 단계로서 각국이 평등한 연맹 체제各國平等聯盟之體. 두번째 단계로서 공정부가 통치하는 연방체제聯邦受統治於公政府之體. 마지막 세번째 단계로서 국가를 없애고 세계를 합일하는 체제去國而世界合一之體. 그리고 이는 순차적으로 이루어진다. 요즘 말로 바꿔 풀면 지금 백성을 참화로부터 구제하고 태평의 쾌락과 복리, 대동의 공익을 실현하려면 반드시 먼저 국가로 인한 경계를 타파하여 국가를 제거시키는 것으로부터 시작해야 한다. 이것은 인인仁人과 군자가 밤낮으로 마음을 졸이며 혀가 닳도록 사람들을 설득해야 할 바이니, 국가로 인한 경계를 없애는 일 외에는 다시 백성을 구할 방도가 없다. 비록 그렇기는 하나 국가라는 것이 백성의 단체 중 제일 높은 차원의 것이고 천제天帝 외에는 그 위에 법률로써 제재할 수 있는 존재가 없어 각자는 사사로운 이익만을 도모하니, 공법公法으로도 억제할 수 있는 것이 아니며 헛되게 의리 따위로 움직일 수 없는 것이어서, 강대국은 작은 나라를 침략하고 삼켜 약육강식을 하는 것이 형세의 자연스런 것으로 공리公理가 미칠 수 없는 일이다. 「대동서」, 204쪽

캉유웨이는 국가들 간의 계약만으로는 각 주체들의 자기애로 인한 문제를 궁극적으로 해결할 수는 없다고 보았다. 법률로써 제재할 수도, 의리로써 막을 수도 없다. 따라서 이들을 넘어선 사랑을 기반한 하나의 보편적 공동체만이 대안이라고 생각했다. 물론 이런 세상이 쉽게 이루어지지 않으리라는 점도 알고 있었다. 그러나 불가능한 것만도 아니다.

그러나 지금의 형세를 보건대 비록 국가가 갑자기 없어질 수 없고 전쟁이

갑자기 없어질 수는 없지만, 공리로써 말하고 사람된 마음으로 찬찬히 보면, 대세의 흐르는 바로서 장래에 이를 곳은 반드시 대동세이니, 그 흐름은 이에 이른 후에야 그칠 것이다. 다만, 시간이 필요하고 행하는 데 어려움이 따를 뿐이다. 공자의 태평세와 부처의 연화세계蓮花世界, 열자列子의 담병산甀甁山, 토머스 모어Thomas More의 유토피아는 실재하는 것으로, 공상이 아니다. 『대동서』, 204쪽

공자, 부처, 열자 심지어 토머스 모어의 이상세계, 그것이 바로 대동의 세상인 것이다. 그리고 이는 2, 3백 년 안에 반드시 일어난다고 예측한다. 말년에 그는 "근래 비행기와 배가 날로 출현해 국가 간의 경계가 점차 없어지니 대동의 운은 불과 백 년 안에 이를 것"이라고 덧붙이고 있기까지 하다.

전 세계가 하나의 국가가 되는 것. 물론 이를 중국의 중화적 천하세계의 확대 혹은 변용이라고 볼 수도 있을 것이다. 그러나 중화적 세계가 중화문명이라는 핵심을 바탕으로 한 동심원적 체제라면, 대동세계는 국가를 없앰으로써 실질적인 보편성을 담보할 수 있었다. 민족국가의 틀이 동아시아에까지 미쳐 오던 시기 그가 선택한 바는 전 세계를 하나로 통합하는 것이었다. 그럴 때만이 국가의 경계로 인한 경쟁, 전쟁을 없앨 수 있다고 보았다.

캉유웨이는 당시까지만 해도 서구 유럽의 정확한 상황을 알지 못했

다. 그리고 이 근대라는 폭력성이 갖는 미래의 모습에 대해서도 명확하게 파악하고 있지 못했다. 하지만 두 가지 모두 필요하지 않았다. 그는 명철함으로 근대의 본질이 무엇인지 꿰뚫어 보았으며, 그것의 한계를 이야기했다. 그것은 근대가 갖는 경계를 나누는 방식, 그리고 그것을 통해 안과 밖으로 서로를 분리하고, 이 분리 속에서 경쟁이라는 구도로 나갈 수밖에 없다는 통찰이었다.

당대의 지식인들이 바라본 근대 국가체제는 공포 그 자체였다. 언제 그들이 쳐들어올지 모르는, 그들에게 먹혀 버릴지도 모른다는 공포! 내가 언제 내쳐져 공격당할지 모르는 상황. 하지만 그러한 공포심은 또 다른 공포심을 초래할 뿐이다. 캉유웨이라면 이렇게 물었을지도 모르겠다. 당신은 계속 경쟁체제하의 국민이고 싶은가? 아니면 국민을 그만두고 다른 존재가 되기를 바라는가? 언제나 공포심에 질려 살 텐가, 아니면 새로운 관계를 창출할 것인가?

전통도 아닌, 그렇다고 근대도 아닌 이 둘을 뛰어넘는 사고의 절묘함! 그가 보기에 전통적 질서 역시 대안이 될 수 없었지만, 마찬가지로 근대의 논리 역시 무기력하기는 마찬가지였다. 아니, 오히려 근대가 가져다줄 그 무시무시한 세계가 그의 눈앞에는 더욱 선명하게 다가왔을지도 모를 일이다.

그런 점에서 하나-됨에서 벗어난 세계를 극복하고 어떻게 다시 통함의 유토피아를 실현할 수 있을 것인가가 그가 바라는 유토피아로의 길이었다. 타자란 없다. 우린 하나일 뿐이다. 그러나 여기서 잠깐! 이러한 주장을 들으면 우선 알레르기 반응부터 보이는 이들 역시 있을 것이다. 하나가 전체가 되는 순간, 이런 하나–됨의 세계가 잘못 길을 든 과거들을 안다면 이런 반응이 과한 것만도 아니다. 그렇다면 이제, 다음 여행지를 향해 출발!

캉유웨이 당대의 조선에서는 그에 대한 평이 어떠했을까? 당시 동아시아에서 캉유웨이는 무술변법의 지도자로, 새로운 사상의 전파자로 이름깨나 날리던 인물이었다. 그의 일거수일투족이 조선의 신문에서도 관심을 갖고 보도되었다. 그가 어디어디에 도착했다더라, 무슨 말을 했다더라, 하는 소식이 신문지상에 그대로 전해졌다. 얼마나 유명했으면 당대 조선의 신소설 속에서도 캉유웨이가 등장한다. 이인직의 소설 『혈의 누』의 한 장면을 들여다보자.

그렇듯 곤란하던 차에 …… 그때 마침 어떠한 청인이 햇빛에 윤이 질질 흐르는 비단옷을 입고 마차를 타고 풍우같이 달려가는데 …… 마차 탄 청인이 차부더러 마차를 멈추라 하더니 선뜻 뛰어내려서 서생의 앞으로 향하여 오니 …… 청인이 다시 서생을 향하여 필담으로 대강 사정을 듣고 명함 한 장을 내더니 어떤 청인에게 부탁하는 말 몇 마디를 써서 주는데 그 명함을 본즉 청국 개혁당에 강유위라. …… 그 사람의 주선으로 서생과 옥련이가 미국 화성돈에 가서 청인 학도들과 같이 학교에 들어가서 공부를 하고 있더라.

주인공 옥년이가 미국에 건너가 이름 모를 은인에게 도움을 받는데 그 인물이 알고 보니 캉유웨이였다. 이것이 비단 우연만은 아니리라. 그 만큼 캉유웨이는 정치적으로 중국의 개혁을 대표하는 인물이었다. 그는 조선에서도 정치적으로뿐만 아니라 사상적으로도 큰 인물이었다. 특히 개신유학자들을 주축으로 한 『황성신문』에서 그와 그의 사상에 대한 소개가 두드러지게 나타남을 볼 수 있다. 『황성신문』 1909년 4월 25일자 기사 「학술의 변천」에서 캉유웨이의 학술을 설명하는 부분이 나온다.

국가와 사회에 다대한 복리를 주는 자는 양명, 척생滌生(중국번曾國藩의 호), 남해南海(캉유웨이의 호)의 학론이 이것이라. 우리나라 인사로 이 세 사람의 학론을 애독하고 연구하면 경세의 뜻과 애국의 의와 제물濟物의 인仁이 그 뇌수에 침입하여 전일 고루한 의견을 회개하고 활발유용活發有用의 배움을 강구 확충함이 있을지니, 어찌 국가와 생민의 복이 아니리오.

캉유웨이는 왕양명, 증국번과 함께 새 시대의 사상적 기수가 될 인물로 그려지고 있다. 조선 역시 패망의 시대에 새로운 사상의 수혈이 급선무였다. 무엇보다도 새로운 학술이 필요했다. 경세의 뜻과 애국의 의와 제물의 인이 고루한 의견을 회개시켜 새로운 사상으로 나아가게 할 학문이 요청되었던 것이다.

보다 직접적으로 그의 대동사상에 대해 소개하고 있는『황성신문』1909년 4월 15일자「대동학설의 문답」이란 기사도 살펴보자. 어느 손님이 지나가면서 묻자 필자가 대동의 의를 들어 대략 설명하니, 손님이 웃으며 말하길, "깊도다. 당신의 어리석음이여! 현재 우리 대한에 사회 인사들이 국가주의와 개인 인권 등의 주의를 제창하여 연단의 언론과 문자의 권고가 격절통쾌하고 장황반복하나 인민사상에 대하여 이는 가라앉은 재를 불고 고목에 물을 댐과 같아 완전히 계몽, 고려하는 효력이 없거늘 하물며 대동학설 등을 말하여 사회의 병완을 구하고자 하면 이는 소위 대승기증에 사군자탕을 처방함이 아닌가?"라고 묻는다. 여기에 필자는 현재 백성의 수준으로 보자면 국가주의와 개인권리 등 주의도 몽매하여 알지 못하는데 대동주의를 어찌 논할 수 있을까란 견해를 달지만, 이어서 바로 이는 소승법과 구분되는 대승법이라고 말한다.

다만 이상가와 학문가에서 구세방침에 대하여 오로지 소승법을 말하고 대승법을 말하지 않는 것이오, 옛사람이 말하되 위에 법을 쓰면, 중을 얻을 수 있고, 중에 법을 쓰면 아래도 면치 못하나니, 무릇 대동학은 구세주의에 대승법이라. 우리나라 인사도 대동의 의를 관념함이 있어 국가주의와 개인권리등 주의에 계발하는 사상과 진취하는 정도가 있을 줄로 생각하노라. 「대동학설의 문답」, 「황성신문」

대동의 학설이란 것이 『예기』와 『춘추』에 나와 있는 것이며, 이는 석가의 보도중생과 예수의 남을 사랑하기를 자기와 같이 하라는 말씀과 같은 대승법임을 주장한다. 송대 유학의 '수신' 두 글자에만 편중되어 가족 관념에서 벗어나지 못하여 국가니 세계는 나몰라라 한다는 것이다. 따라서 이러한 폐단에서 벗어나기 위해서 대동의 학설을 강조한다.

이 대동학설이 금일에 사실로서 말하면 진실로 행할 수 없는 일이나 그러나 일반인사가 이같은 이상을 가져야 편벽되고 사사로움을 타파하고 공공적 사상이 개발하여 공공적 사업을 만드는 효과가 있으리라. 「대동학설의 문답」

물론 이 당시 캉유웨이의 『대동서』가 완간되어 전파된 것은 아니었다. 아마 그의 제자였고, 당시 조선에서도 엄청난 영향력을 끼치고 있었던 량치차오를 통해 부분적으로 한국에 전파되었을 것으로 보인다. 조선에서의 량치차오의 영향력은 대단해서, 그의 책들은 번역되자마자 지식인들에게 필독서로 꼽혔으며, 학문과 애국의 아이콘으로 여겨질 정도였다.

캉유웨이의 대동사상을 보다 주목한 이로는 대표적으로 박은식을 들 수 있다. 그는 실제로 캉유웨이와의 친분도 깊었으며, 그가 주장한 대동교大同敎는 캉유웨이 사상의 영향을 많이 받았다. 그는 "대개 하늘의 도는 모든 중생을 아울러 낳고 길러 모든 것에 후박함의 구별이 없으니, 도덕가는 이를 원본으로 삼아 만물일체의 인을 발휘하고 추진하여 천하의 경쟁을 그치게 함으로써 구세주의救世主義를 실현"해야 함을 강조하고, "성인은 만물을 하나로 삼고 사해를 일가로 삼아 경계와 울타리가 없게" 해야 한다고 말한다. 약육강식의 국제사회에 대한 문제제기와 경쟁의 철폐의 문제에 대해서도 캉유웨이와 동일한 결론에 도달하고 있다.

세상의 문명이 더욱 진보하고 인간들의 지식이 더욱 발달할수록 경쟁의 기회와 살벌한 상황이 더욱 극렬해져 소위 국가경쟁이니 종교경쟁이니 또한 정치경쟁이니 민족경쟁이니 하는 허다한 문제가 첩첩히 생기고 나타나 세계에 전쟁의 역사가 그치지 않음은 물론이요, 더욱더 팽창되어져 100년 전의 대전쟁은 지금으로 보면 그저 아이들의 놀음같이 되어 버렸고…… 약육강식을 세상의 법칙이라며 우승열패를 천연天演, 진화를 뜻함으로 인식하여 나라를 멸하며 종족을 멸하는 부도불법不道不法으로써 정치가의 책략으로 삼으니, 소위 평화재판이니 공법담판이니 하는 문제는 강권자와 우승자의 이용물에 불과한 것뿐입니다. 따라서 약자와 열자는 그 고통을 호소하고 원통함을 펴 나갈 곳이 없으니 상제上帝의 일시동인一視同仁과 성인의 만물일체萬物一體에 대해 유감이 없기 어려운 바입니다. 박은식, 「몽배금태조」(夢拜金太祖), 『백암박은식전집』 4권, 동방미디어, 2002, 176쪽

박은식 역시 캉유웨이와 마찬가지로 공자에게서 근대의 위기를 극복

할 희망을 찾았다. 공교운동이 그것이다. 당시 국민을 정신적으로 단결시킬 종교의 필요성이 사상적 구심점으로 요청되었다. 서양에서의 기독교와 같이 국민들을 하나로 단결시킬 수 있는 종교의 부재가 중국이나 조선의 약함을 설명하는 논리로 받아들여졌다. 따라서 근대국가로 전환하기 위해서는 종교가 개발될 필요가 있었다. 이때 공자라는 인물은 종교의 교주로 위치지어진다. 유학이라는 학문은 그렇게 현실적인 필요에 의해서 종교적인 위치로 놓여진다.

그렇다면 이처럼 전환기의 지식인들에게서 '대동'의 발상이 자주 등장했던 이유는 무엇 때문일까? 이 시기의 '대동'은 단순한 유토피아로서 그려졌던 것이 아니라, 동양과 서양의 관계 속에서 재등장하는, 시대가 당면했던 문제점을 해결할 수 있는 희망의 근거로서 사유되었다는 점이 하나의 이유일 것이다. 그런 점에서 대동세계에 대한 희망은 몽상가의 현실도피적인 잠꼬대가 아닌 현실과의 긴장관계 속에서 도출된 사유의 한 형태였다. 망국의 위기에 처해 있던 동양의 지식인들에게는 국가가 망하는 편보다는 아예 국가라는 틀 자체를 없애 하나가 되자고 주장하는 편이 좀 덜 비극적으로 느껴졌던 게 아니었을까? 약자가 강자에게 힘으로 밀릴 때, 힘에 의존하기보다 국가를 철폐하자는 새로운 세계의 가능성이 열린 것은 역사의 아이러니가 아닐까?

인종을 넘어

세번째 여행

'차이 없는'(同)

유토피아로

1
너와 나는, 평등하다

독립과 평등을 향해

여기서 다시 경계의 문제로 돌아가서 짚고 넘어가야 할 것이 있다. 왜 캉유웨이는 가족이라는 경계, 국가라는 경계, 그밖의 모든 경계들에 그렇게 주목했던 것일까? 아마도 경계 자체가 만들어 내는 불평등한 관계에 대한 문제의식이 주요한 요인이었을 것이다. 국가 간의 경계에서 생기는 강대국과 약소국 간의 불평등, 계급 간의 경계에서 생기는 강자와 약자 간의 불평등, 남녀 간의 경계에서 생기는 남자와 여자의 불평등, 인종 간의 경계에서 생기는 백인과 유색인 간의 불평등! 이는 현실에서 눈을 돌리지 않는 지식인이라면 간과할 수 없는 문제였으리라.

그러나 따지고 보면 경계라고 하는 것은 원래 있는 것이 아니라, 억압의 순간 발생하는 것이다. 자본가와 노동자 사이의 경계는 선차적으로 존재하는 것이 아니다. 그보다는 오히려 자본가가 노동자를 억압하고 착취할 때 그 경계들이 만들어지고, 그때 노동자로서의 계급이 등장한다고 말할 수 있다. 남녀 간의 경계, 인종 간의 경계 역시 마찬가지다. 원래 그러한 경계선이 존재하는 것이 아니라 남성 혹은 백인이라는 다수의 권력이 억압을, 불평등을 강제하는 순간 남성 대 여성, 백인 대 유색인 간의 경계는 생겨난다. 그는 이처럼 경계라고 하는 것 속에서 어떻게 권력이 작동되는지를 간파했다.

이때 권력은 경계를 그어 놓고, 그 선을 넘지 말 것을 요구한다. 이렇게 선이라는 경계는 나와 너희들, 동일자와 타자를 구별하는 기준이 된다. 그리고 차이는 차별의 기준이 되어 버린다. 캉유웨이는 이 권력이 작동하는 근거를 없애 버려야 한다고 생각했다. 그럴 때만이 약자들이 강자의 권력과 횡포에서 자유로울 수 있었다. 신분이나 계급, 남녀, 국가, 인종 등등의 경계는 권력이 작동하는 근거를 만들고, 불평등한 관계를 유지시키는 근거가 되어 버리기에 이 경계는 없애야 마땅한 것이었다. 이처럼 평등이라는 문제의식은 그의 초기 저작들에서부터 일관되게 나타난다.

중국의 풍속에 임금을 높이고 신하를 낮추고尊君卑臣, 남성을 중히 여기고 여성을 가볍게 여기고重男輕女, 양인은 숭상하고 비천한 사람은 억압하는崇

良抑賤데 이를 일러 의義라 했다. …… 습속이 이미 정해져 이를 의리義理라 삼아 지금에 이르렀다. …… 백 년 후에는 세 가지 큰 변화가 있을 터인데 군주가 전제를 못하고, 신하가 낮지 않으며, 남녀의 비중이 같고, 양천良賤이 똑같아지는 것이다. 오호. 이것이 부처가 말하는 '평등의 학문'이구나! 캉유

웨이, 『강자내외편』(康子內外篇), 『캉유웨이전집 1』(康有爲全集), 상해고적출판사(上海古籍出版社), 1987,

189~190쪽

그는 의義라는 이름으로 행해지는 불평등한 관계에 모순을 느꼈다. 그리고 이는 인仁이라는 가치에 의해 시정되어야 한다고 보았다. 전통적으로 의는 사회 질서를 위해 높이 평가되어 오던 것이었다. 그러나 캉유웨이는 이 구도를 뒤엎어 버린다. 캉유웨이가 주자를 평가하면서, 주자는 의만을 강조하고, 인을 보지 못했다고 비판하는 것도 이런 이유에서였다. 그가 보기에 주자가 살던 당시에는 의를 강조함으로서 위계를 세우는 작업이 필요했지만, 이렇게 상하를 나누고, 귀천을 가르는 작업은 대동세에는 적합하지 않다는 것이다.

따라서 그는 의라는 이름으로 자신만을 위한 이익을 강제하는 구조를 깨고 평등한 관계를 이루기 위해 인仁, 겸애兼愛를 강조한다. 관계에 있어서 그것이 힘의 구도이건, 의라는 이름에 의해서건 어느 한 측이 다른 측에 구속되면, 평등한 관계는 깨지게 된다는 것이다. 그에게 가장 중요한 덕목은 평등이라는 가치였다.

그러므로 하늘의 공리로써 말하더라도 사람은 각자 자주 독립할 권리를 갖고 있으므로 마땅히 평등해야 하며 노예가 있어서는 안 된다. 또한 사람의 형세로써 말하더라도 평등하면 지혜로워지고 즐거워지고 강성해질 수가 있으나, 불평등하게 되면 우매해지고 괴롭고 쇠약해지게 되므로 노비가 있어서는 안 될 것이다. 「대동서」, 269쪽

이는 서구 열강의 강함의 근거를 평등에서 찾는 것에서도 나타난다. 이때 주의할 것은 그가 우선 각각이 독립한 상태에서 맺는 관계만이 평등한 관계를 이룰 수 있다고 보았다는 점이다. 평등한 관계를 맺기 위해서는 각자 독립된 상태여야 한다. 그렇지 않으면 그것은 관계라기보다 구속이 될 수밖에 없다는 것!

더 나아가 그는 오륜 역시 해체한다. "오륜五倫은 사실 이륜二倫에 지나지 않는데, 부자·형제는 부부관계에서 나오며 군신도 붕우에 가깝다!" 그가 보기에 오륜이란 사실 부부관계, 붕우관계에 다름 아니다. 즉 각자가 주인으로서 부부관계를 맺고, 붕우관계를 맺는 관계가 전통적인 오륜을 대체한다. 오륜은 사실 이륜이라는 말!

기존의 권위적·위계적 질서를 대신해 서로가 주인이 된 상태에서 자유롭고 평등한 관계를 맺어야 한다. 따라서 오륜은 인류 평등애의 정신에 의해 수정되어야 했다. 군신유의, 부자유친, 부부유별, 장유유서의 사륜은 강한 자나 어른이 자신의 이익을 위해 날조한 윤리일 뿐, 평등애

의 정신을 위반하는 것이기 때문이다. 그렇기 때문에 그는 석가, 예수, 공자 이 세 성인이 함께 존중하는 윤리 도덕은 친구 사이의 윤리일 뿐이라고 말한다.

어쩌면 캉유웨이가 인을 바탕으로 하는 만물일체관을 기본으로 하면서 이러한 개체적 자주의 권리를 주장하는 것이 모순처럼 보일지 모른다. 그러나 그가 생각하는 만물일체의 논리란 기본적으로 모든 사물이 평등함을 바탕으로 연결되는 형제애, 동료애에 가깝다. 주인이 아닌 노예 사이라면 이런 동료애, 형제애를 만들어 낼 수 없기 때문이다. 따라서 자주의 권리는 평등사상과 이어진다. 그리고 이는 만물은 일원一元의 기氣, 즉 하늘의 산물이기에 모든 사람은 평등하고 동포이며 차별이 있을 수 없다는 생각에서 비롯된다. 이때 그가 생각하는 평등이란 자립과 자주를 선행조건으로 하는 만물일체적 관계인 것이다. 즉 기계론적으로 결합한 서로 분리할 수 있는 논리적 조합으로서가 아니라, 서로 감응하는 혈맥소통적인 연대성의 관계, 노예가 아닌 주인들 간의 우정이다!

이처럼 그에게 독립과 평등은 절대적 가치였다. 그는 평등을 이루기 위해서 경계를 없애야 한다고 생각했다. 독립과 평등에 대한 욕망이야말로 그가 그려 낸 세상의 밑그림을 이루는 축이었던 것이다. 행복은 대동의 목적이며, 박애는 대동의 기초이며, 평등은 대동의 작용이었다. 즉 대동세계란 박애와 평등이 완전히 실현되어 전 인류가 일체의 고통에서 해방되어 완전한 행복을 누리는 세계였다.

문명이라는 카스테라

그렇다면 왜 캉유웨이가 그토록 평등을 열망했는가에 대해서 살펴볼 필요가 있다. 여기서 비슷한 시기를 살았던 후쿠자와 유키치福澤諭吉의 이야기를 들어 보는 것도 도움이 될 듯하다. 후쿠자와 유키치는 자신이 살던 당대를 일컬어 "한 몸으로 두 인생을 사는 것, 한 사람으로서 두 몸을 사는 것"으로 비유했다. 전통적 세계관이 무너지고 서구적 세계관이 휩쓸던 시기, 이는 단지 정치적·사회적 아나키로 끝나지 않는 정신적인 아나키, 가치관의 아나키의 시대였다. 그때까지 당연하게 통용되던 가치체계가 순식간에 전면적으로 해체되어 버린 일종의 정신적인 진공 상태를 맞이한 것이다. 세계관 그 자체가 증발되어 버리는, 지금까지 자신이 믿어 왔던 모든 가치들이 송두리째 부정되는 시기였다.

이는 캉유웨이 역시 마찬가지였다. 아니, 오히려 전통의 중심에서 벗어나 상대적으로 전통적 가치관으로부터 자유로울 수 있었던 일본 지식인보다 전통이 곧바로 삶의 모든 기반이었던 중국 지식인의 정신적 충격이 컸으리라는 것은 쉽게 짐작할 수 있다.

그 당시 지식인들에게 가장 큰 화두는 무엇이었을까? 가장 손쉽게 떠올릴 수 있는 것은 국가가 망해 가는 것을 어떻게 막을 수 있을까, 즉 망국의 공포였다. 주변의 나라들이 하나둘씩 서구 열강에 의해 식민지가 되던 시기, 자기의 나라도 언제 곧 그런 운명에 처하게 될지 모른다는 현실이 엄청난 무게감으로 그들을 짓누르고 있었다. 량치차오의 『월남

망국사』가 불티나게 팔렸던 것 역시 이러한 망국의 위기가 곧 언제 중국에도 몰아닥칠지 모른다는 불안감 때문이었을 것이다.

그 속에서 '구국'이라는 기치가 모든 것을 압도했던 것은 어찌 보면 당연했다. 모든 위기 상황이 그러하지만 위기는 기존의 모든 문제를 무화시키고 하나의 단일한 문제설정으로 세팅한다. 지금 당장이라도 나라가 망할 수도 있다는 위기감 속에서 모든 논의는 어떻게 하면 망하지 않고 살아남을 수 있을 것인가에 집중되었다. 위기의 시대에 그들은 자신을 다그쳐야 했다. 그들은 이미 한 마리의 경주마였다. 옆으로 눈길을 줄 수도, 뒤를 돌아볼 여유도 없었다. 오로지 근대와 문명을 향한 전진만이 있을 뿐이었다. 옆과 뒤를 돌아보는 순간 걷잡을 수 없는 천 길 낭떠러지만이 존재했다. 월남을 보아라! 조선을 보아라! 문명의 길로 나아가지 않으면 살아남을 수 없다.

이들에게 다른 길은 없었다. 아니, 그들에게는 처음부터 선택지란 존재하지 않았는지도 모른다. 비록 그것이 허황된 불빛이었을지언정, 그 불빛 하나만을 의지하고 앞으로 더듬거리며 나갈 수밖에 없었다. 공포에 사로잡혀 출구가 보이지 않는 어두컴컴한 상황, 그 희미한 불빛이라도 의지하지 않으면 어쩌겠는가?

당시는 소위 '문명의 시대'였다. 강자에게 먹히지 않기 위해서는 그들 역시 강자의 문명을 받아들여야 했다. 그러나 이때 문명이란 어떤 구체적 내용을 갖는 것이 아닌 강해지고 싶다는 욕망에 다름 아니었다. 모든 이름이 문명이라는 이름으로 회수되었다. 그 문명은 어떤 구체적 의미를 갖는 것이 아니라 단지 문명이라는 이름이면 모든 것이 완성된다는 하나의 믿음과도 같은 것이었다. 서구의 문물들이 문명이라는 이름으로 날개 돋친 듯 팔려 나갔던 것만 보더라도 이러한 상황을 잘 이해할 수 있다. 당시 일본에서 서양의 카스테라를 파는 잘 나가는 빵집 이름이 '문명당'文明堂이었음은 그 시대의 분위기를 방증傍證하고 있다. 모든 것이 문명이어야 했고, 문명이 아닌 것은 살아남을 수 없었다. 문명! 문명!

후쿠자와 유키치는 『문명론의 개략』文明論之槪略에서 "나아가 문명을 좇을 것인가, 물러나 야만으로 돌아갈 것인가, 오로지 진퇴進退 두 글자만 있을 뿐"이라고 말한다. 그렇게 서구=강자=문명이라는 도식은 완성되었다. 이 속에서 생존하기 위해서는 그들 역시 그 길을 가야만 했다. 생존이란 서구의 근대 문명을 받아들임으로써밖에는 도달할 수 없는 역사적 상황 하에 놓여졌던 것이다.

그러나 나라를 부강하게 하기 위한 문명의 도달점은 어디인가? 그들은 부국강병이라는 문명을 향해 쉬지 않고 달려갔지만, 그렇게 앞으로 달려가야 하는 이유는 어디에도 없었다. 그저 앞으로 달려가야만 했다. 그런 점에서 무엇이 되기 위함이 아니라, 단지 지지 않기 위해서, 나라가 망하지 않기 위해서였다. 그러나 결국 꿈이 사라진 그들에게 남은 건 약육강식의 논리밖에 없었다. 그렇게 생존경쟁은 약육강식의 논리로 곧바로 등치되었다.

그러나 소위 근대화론자들이 추구하고자 했던 문명의 한계 역시 분명했다. 강한 것, 새로운 것, 풍부한 것에 대한 욕망이 문명의 특징이라면 그 욕망은 결국 타인에 대한 폭력으로 이어질 수밖에 없다. 그러나 문제는 거기서 그치지 않는다는 점이다. 이는 결국 자기 자신에 대한 폭력으로 돌아올 수밖에 없는 부메랑과도 같은 것이었다. 왜냐하면 약자인 그들이 문명을 지고지선의 가치로 받아들이는 순간, 서구의 문명에 대한 추구와 그로 인한 폭력을 거부할 논리가 없기 때문이다. 그런 점에서 문명이란 이중의 의미를 가진다고 말할 수 있다. 문명을 통한 해방이라는 한 측면과 그 문명이 갖는 파괴성이라는 다른 한 측면 말이다.

물론 현재의 시선으로 과거를 재단해서는 안 된다. 지나온 역사를 그렇게 미래의 시점에서 바라볼 때 흔히 빠지는 오류 중 하나가 당시 지식인이 어떤 콘텍스트에서 그런 고민의 결과로 나오게 되었는지를 놓치기 쉽다는 점이다. 중요한 것은 그 사람의 한계를 지적하는 것에서 그치는 것이 아니라, 왜 그러한 한계를 보이는가를 생각해 보아야 한다. 그렇게 그 한계가 출현한 시대적 배경과 사상적 배경을 짚어 내야만 한 사람의 사상에 대해서 이해했다고 말할 수 있을 것이다.

따라서 근대와 문명을 추구한 그들을 나무랄 수는 없다. 강자가 되지 않고서는 생존이 불가능한 상황에서 뒤를 돌아볼 여유는 사치였다. 그들은 살아남기 위해서는 우수한 노예라도 되었어야 했다. 물에 빠진 사람에게 물에서 건져지면 무엇을 할지, 왜 물에서 나오려고 하는지 묻는

건 너무 잔인할 수도 있다. 어쨌든 근대라는 새로운 시공간 속에서 살아남기 위해 그들이 택한 것은 강자가 되고자 하는 욕망이라는 달콤한 카스테라였다. 그러나 이는 어쩌면 독이 든 카스테라였을지도 모른다. 하지만 그들은 카스테라 안에 무엇이 들었는지 생각할 겨를조차 없이 받아들일 수밖에 없었다. 그렇다면 캉유웨이는 어땠을까?

약자 없는 강자만의 세계

국가 간 관계에서 보자면, 중국은 서구 열강의 시선에서 근대 국가를 완성하지 못한, 결국에는 서구 체계에 먹혀 버리고 말 운명에 처해진 약자였다. 남녀 간 관계에서 보자면, 전통사회에서 성적으로 억압받고 차별받는 여성들이 이러한 약자였다. 그가 경계의 문제를 그토록 끈질기게 물고 늘어진 것은 이런 약자들의 억압과 차별, 불평등에 대한 문제제기였던 것이다.

나는 고전과 철학서의 심오한 명제에 심취해 유교와 불교의 은밀한 의미를 탐구하고 중국과 서구에서 발전한 새로운 이념을 연구했다. 인간과 자연의 진화를 더듬어 보고 세계 각국의 종교를 비교하고, 세계지도를 보며 미래의 형상을 그리면서 과거와 현재를 두루 살펴보았다. …… 언제나 사회를 구제하는 것이 가장 중요한 명제로 떠올라 나는 이를 생애의 궁극적

목표로 삼고 이를 위해 나를 바치기로 결심했다. 크고 작은 세계가 수도 없이 많기 때문에 내가 태어난 곳, 내 생애에서 만날 수 있는 가까운 이들만 구제할 수 있을 것 같다. 나는 매일 그들을 부를 것이요, 그들은 내 말을 듣게 될 것이다. 나는 이것을 내 일생의 원칙과 목표로 삼았다. **캉유웨이, 「강남해자편연보」**(康南海自編年譜), 12쪽

그가 매일 부르고자 했던 이들, 그리고 자신을 바쳐 구원하고자 했던 이들은 과연 누구였을까? 쉽게 상상할 수 있듯이 그것은 현실 속에서 억압받고 고통받는 약자들이었을 것이다. 그렇다면 약자였던 이들이 강자가 되기 위해서 어떻게 해야 하는가? 그는 이 질문에 대한 대답으로 결국 약자를 없애면 된다고 생각했다.

그렇다면 어떻게 이것이 가능할 수 있을까? 캉유웨이가 제시하는 답은 의외로 간단하다. 약자가 강자가 되면 되는 것! 경계를 없앤다는 것은 약자와 강자를 구분 짓는 그 틀 자체를 없애는 것이다. 그렇기 때문에 약자로서 차별받지 않으려면 결국 강자와 같아지면 된다는 식으로 나아가게 된다. 약자가 강자가 되는 순간, 그 순간 약자와 강자 사이의 경계도, 그 사이의 불평등도 사라진다는 그의 꿈!

경계들을 없애야 한다는 그의 지적은 옳았다. 아니, 옳다고 말하는 것으로는 부족할지도 모른다. 대부분의 사람들이 그러한 현실의 경계에 대해서 인식하지 못하거나, 인식하더라도 어쩔 수 없는 것으로 무기력

하게 받아들이는 것에 비한다면 말이다. 모든 경계를 없애 고통을 제거하고, 기쁨으로 나아가야 한다고 할 때의 그의 주장은 그 누구도 부인할 수 없는 것이었다.

물론 캉유웨이에게도 역시 강자가 되고자 하는 욕망이 나타난다. 하지만 이를 앞서 살펴본 근대화론자들의 욕망과 동일하다고 볼 수만은 없다. 왜냐하면 이는 지배하기 위해 강자가 되려 한 것이라기보다 불평등을 해소하기 위한 하나의 모색이었기 때문이다. 캉유웨이에게 강자만이 살아남은 세상은 강자와 약자의 구분이 없는 세상의 다른 이름이었다. 그럴 때만이 현실의 불평등에서 벗어날 수 있다고 그는 생각했다.

그렇지만 캉유웨이에게도 해결할 수 없는 질문이 하나 남았다. 피부색이 다른데, 국적이 다른데, 성별이 다른데 어떻게 그 차이들 속에서 경계를 없애 대등한 관계가 성립할 수 있느냐는 질문이었다. 여기서 그는 눈에 보이는 차이들이 존재하는 한, 차별을 발생시키는 경계들은 사라지지 않는다고 보았다. 그렇기 때문에 그가 내린 대안은 그 차이들, 즉 경계를 만드는 그 차이들을 없애는 쪽으로 나갔다. 그에게서 차이란 갈등을 만들어 내는, 차별을 만들어 내는 경계선일 뿐이었다. 따라서 차이들이 사라져야 경계들이 사라질 수 있다고 보았다.

이 점에서 캉유웨이는 소위 근대화론자들과 방향을 달리한다. 그는 약자가 무조건 강자가 되는 세상이 아니라, 약자와 강자가 없는 세상을 꿈꾸었다. 그것이 경계 없는 대동의 세상이었다. 약자가 강자가 될 수 없는 상황에서 약자가 사라진 세상을 꿈꾼 그의 심정이 이해가 가지 않는가? 캉유웨이의 다소 극단적인 요청에는 이렇게 불평등한 관계의 철폐, 제거를 위한 절실한 요청이 깔려 있다. 그가 보기에 모든 고통은 경계를 지어, 이 경계를 지배와 권력의 근거로 사용하는 데서 온다. 이럴 때 원래의 자연스러운 사랑의 힘이 끊어지고, 하나-임의 세계 역시 분열되어 버린다. 따라서 이 경계를 없애지 않으면 평등에 도달할 길, 고통에서 해방될 길은 없다고 보았다. 그가 약자 없는 세상을 꿈꾸었던 것은 이런 배경하에서였다.

물론 약자 없는 강자만의 세계라니, 언뜻 상상이 가지 않는다. 그가 그리는 대동세상에서는 강하고, 멋지고, 잘생기고, 깨끗한 것만 살아남는다. 약자를 위한 대동의 세계에서 약자는 사라져 버리는 역설! 평등해지기 위해서는 서로 같아져야만 한다는 웃지 못할 아이러니! 이를 단순히 희극이라고만 보기에 캉유웨이가 살던 당시는 너무 비극적이었다. 따라서 그가 살던 시대의 치열함이 오히려 이런 희극을 만들어 내었다고 보는 편이 더 타당할지 모른다. 사랑해서 폭력을 사용한다는 논리가 낳는 웃지 못할 상황이 발생하는 순간이다.

2
같아져야 평등해진다,
동이불화同而不和

사랑이라는 이름의 폭력

캉유웨이가 동화의 논리를 가지고 와서 평등을 이룰 수 있다고 생각한 것이야말로 서구적 동화의 원리의 또 다른 방식이었다. 서구가 힘으로 약자를 먹어 치워 강자의 세상을 만들고자 했다면, 캉유웨이는 약자가 강자가 되어 약자 없는 세상을 만들고자 했다. 이는 방향은 다르지만 동전의 양면이라 할 수 있다. 서로 같아져야同 평등과 대동으로 갈 수 있다는 그의 발상!

기본적으로 캉유웨이는 차이가 갈등을 일으킨다고 보았다. 그렇기 때문에 인류를 평등과 대동으로 통합하려면 반드시 모습과 체격을 서로 같게 만드는 것으로부터 시작해야 한다고 말하는 것이다. 차이를 없애서 같은 것으로 만드는 것, 그 속에서만 평등함을 누릴 수 있다. 그에게 경계 없음은 차이 없음, 곧 같아져야 함으로 해석할 수 있다. 이러한 평등에 대한 욕망이 동화를 통해서 달성될 수 있다고 하는 발상! 너와 내가 같아야 하나가 될 수 있고, 그 안에서 우리는 평등해질 수 있다는 사고! 캉유웨이가 말하는 경계의 철폐, 경계 없음의 논리가 차이를 무화시키는 것으로 나아가게 됨은 어쩌면 평등에 대한 그의 열망이 너무 강해서였을 것이다.

그러나 같음이 조화의 필수조건은 아니다. 마찬가지로 차이가 소통의 불가능성이나 관계의 불평등함을 미리 깔고 있는 것도 아니다. 오히려 '같음'과 '차이'에 대한 이러한 논리야말로 폭력을 내포하고 있다. 사랑하기 때문에 나와 같아져야 한다는 사고! 우리는 부모와 자식 사이에서, 그리고 연인 사이에서야말로 이런 관계의 역전이 자주 일어남을 본다. 사랑에서 소유욕으로, 그리고 소유욕에서 집착으로. 그것이 이어지면 집착에서 파괴로까지 나아간다. 그것은 사랑이 아니라 단지 사랑이라는 이름으로 자기의 욕심을 채우는 것이다. 사랑하는 자기 자신의 모습을 사랑할 뿐인 것이다. 사랑에 빠져 본 이들이라면 모두 경험해 보았으리라. 사랑이란 이름이 한순간에 억압으로 변질될 수 있음을. "다 너를 사랑해서"라는 말로 사랑이 집착으로, 소유욕으로 변해 버리는 순간, 하나-됨이 어쩌면 억압이 될 수도 있음을! 캉유웨이의 논의 역시 그런 점에서 그것이 평등이라는 이름을 빌렸지만 폭력이라는 외양으로 드러나는 것은 이러한 아이러니를 보여 준다.

> 인류를 평등과 대동으로 통합하려면 반드시 모습과 체격을 서로 같게 만 드는 것으로부터 시작해야 한다. 만약 모습과 체격이 이미 같지 않으면 예 절도 사업도 친함도 저절로 같아질 수가 없다. 『대동서』, 288쪽

전 인류를 평등과 대동으로 통합하려면 모습과 체격마저도 '같게' 만 들어야 했다. 그러나 여기서 주목할 점은 그의 기이한 결론들이 아니라 그가 왜 그런 결론으로 치달았는가 하는 점이다. 어떻게 보면, 그가 말 하는 평등이란 같음의 다른 이름이었다. 같지 않다면 평등할 수 없다는 것, 따라서 자신과 같지 않은 존재인 여성, 노예, 흑인들은 자신과 동등 한 존재가 될 수 없다. 그들과 평등한 존재로서 사랑할 수 있으려면 그 들이 자신과 같은 존재가 되어야만 했다.

> 이렇게 볼 때 친구는 소리와 기氣가 같은 유類이기에 서로 사랑하는 것이 며, 임금과 신하는 일의 시세를 같이하는 유이기에 사랑하게 되며, 동네사 람끼리는 같은 곳에 사는 유이기에 서로 사랑하는 것이다. 마을사람, 국민, 세계 인류의 관계는 사는 곳의 거리의 차이에 따라 사랑하는 마음이 덜하 거나 더해지는 것이다. 인류는 형체가 같다는 점을 전제로 해서 함께 살며, 문화를 이루고 제도를 정해 다스린다. 『대동서』, 650쪽

물론 그는 경계를 철폐해 이러한 유를 확장함으로써 사랑의 범위를 확대할 수 있다고 믿었다. 하지만 그는 기본적으로 사랑은 같은 유를 사랑하는 것이라고, 즉 같아져야 사랑할 수 있다고 생각했다. 그럼으로써 자신과 동일한 기준, 동일한 범주하에 있어야만 사랑을 할 수 있다는 자기모순에 빠지게 된다.

따라서 그에게 외부란 존재하지 않는다. 아니 존재해서는 안 된다. 외부를 내부로 포함시키는 것이 그의 대동세상이었다. 그에게 경계를 없애는 것이란 경계들을 흩트려 놓는 것이 아니라, 그 경계 밖에 있는 것들을 포섭하는 체제였다. 따라서 캉유웨이의 사상 속에서는 차이가 긍정되는 것이 아니라, 차이가 무화된다.

> 대동세에는 피지배자로서의 백성도 없고, 전 세계인이 전 세계의 일을 공적으로 운영하므로 마치 한 가정의 부자, 형제 사이 같아서 특별히 지배 계층이 없다. 그 직에 높고 낮은 것이 있다 하더라도 직무를 수행할 때만 유효한 것으로서, 직무할 때 외에는 전 세계인이 모두 평등하고 작위爵位의 구별도 없으며 복장의 차이도 없고 의례의 구별도 없다. 「대동서」, 596쪽

그에게는 현실의 불평등을 야기하는 경계를 뚫을 수 있는 방법이 보이지 않았다. 그 순간 그는 경계를 철폐하는 쪽으로 사고를 틀 수밖에 없었다. 판 자체를 아예 뒤엎지 않고서는 지금 현실의 불평등을 어찌 할

도리가 없었다. 차이를 무시하고 싶은 것이 아니라, 그 차이가 지배와 권력, 억압이 작동하는 자리이기에 차이를 싫어했던 것이다.

화(和)는 동(同)과 다르다

그렇다면 전통적으로는 다름과 차이에 대해서 어떻게 생각되었을까? 이를 살펴보기 위해 유학에서 강조되었던 동同과 화和의 논의를 참고해 볼 필요가 있다. 『논어』에 나오는 "군자는 화이부동和而不同하고, 소인은 동이불화同而不和한다"는 말에 대해서 일반적으로는 "군자는 화목하되 부화뇌동하지 아니하며, 소인은 동일함에도 불구하고 화목하지 못한다"라고 풀이한다. 이때 화와 동은 대비적으로 해석되지 않는다. 그러나 기존의 유학에서 어떤 개념을 설명하는 경우, 그 개념 자체를 상술하거나 비유를 들어 설명하기보다는 그와 대비되는 개념을 나란히 놓음으로써 그 뜻이 드러나게 하는 방식이 사용되어 왔다.

따라서 이때의 동과 화는 대비되는 이미지로서 해석해야 하는 것이 맞다. 즉, 일반적 해석이 화를 화목하고 서로 잘 어울리는 의미로, 동을 부화뇌동과 동일한 의미로 해석한다면 이때의 화와 동은 대비를 이루지 않을 뿐만 아니라, 동의 의미 역시 첫 구에서는 자신의 분명한 입장이 없다는 의미로, 다음 구에서는 동일함 즉 차이가 없는 상태를 의미하므로 서로 다른 의미를 갖게 만든다.

따라서 화이부동和而不同의 의미는 자기와 타자의 차이를 인정한다는 것이고, 동이불화同而不和는 타자를 지배하거나 자기와 동일한 것으로 흡수하려는 의미로 해석될 수 있다. 그렇기 때문에, 이를 풀어서 말하자면 "군자는 다양성을 인정하고 지배하려고 하지 않으며, 소인은 지배하려고 하며 공존하지 못한다" 혹은 "군자는 화합하되 같기를 요구하진 않고, 소인은 같아지길 요구하면서 화합하지는 않는다"라고 말할 수 있다. 마찬가지로 『중용』에서도 "군자는 다른 사람과 조화를 이루되 휩쓸리지 않으니和而不流, 강하고도 굳세도다. 중심을 잡고 서서 다른 것에 기대지 않으니, 강하고도 굳세도다"라고 할 때도 이 '화'의 개념도 이처럼 동일함이 아닌 방식의 조화를 말하는 것이다.

이처럼 화라는 것이 조화를 이루기는 하지만 하나에 포섭되는 것이 아니라면, 동은 그러한 차이가 없는 상태이다. 이를 적극적으로 해석한다면 동同이라고 하는 것은 동화의 이미지로서 자신의 내적 논리를 가지고 타자를 포섭해 차이를 무화시키는 방식이라면, 화和라는 것은 하나를 이룰 때조차도 하나로 융화되어 개체가 소멸되어 버리는 것이 아닌, 즉 차이를 긍정하는 것이라 할 수 있다. '화'와 '동' 개념에 대해서 신영복, 『강의: 나의 동양고전 독법』, 돌베개, 2004를 참조함

하지만 캉유웨이에게 있어 국가, 인종, 남녀의 차이 등은 차별을 낳는 원인에 불과하며, 이러한 차이는 결국 부정함으로써 없애 버려야만 하는 것이다. 그에게 국가 간의 경계를 없애는 것은 국가의 차이를 없애는

것이다. 현실적으로 국가 사이에는 강함과 약함의 차이가 있고, 이는 국가 간 평등을 저해하는 가장 큰 요인이었다. 따라서 이러한 평등을 가로막는 국경이라는 조건까지 철폐하는 것이 갈등을 없애는 유일한 대안이라 보았던 것이다. 인종 간의 차이에 대한 논리 역시 마찬가지였다.

　물론 그렇다고 해도 근대화론자들과 캉유웨이의 논리상 차이는 무시될 수 없다. 답이 비슷하다고 해서 출발점까지 같은 것은 아니기 때문이었다. 아니, 오히려 왜 정반대의 문제의식에서 출발함에도 유사한 논리를 반복하는지에 대해 주목할 필요가 있지 않을까? 서구의 동화의 논리가 우월성과 지배를 유지하기 위한 것이라면, 캉유웨이의 동화의 논리는 우월성을 지우기 위한, 지배를 철폐하기 위한 것이었다. 우리가 캉유웨이가 똑같이 동화의 그물망에 다시 사로잡혔다고 비판하는 것은 가능한 비판은 될 수 있어도, 정당한 비판은 될 수 없다. 따라서 그가 빠지게 된 논리적 함정이 무엇인지 밝힐 필요가 있다. 그가 넘어진 지점에서 그의 문제의식을 되살려 앞으로 나아가야 할 임무가 우리에게 남아 있기 때문이다.

약자의 약자-되기

따라서 강자와 약자의 문제를 다시 생각해 볼 필요가 있다. 강자와 약자라는 표현을 다수자와 소수자로 바꿔 말할 수도 있을 것이다. 물론 이때 다수와 소수의 구분은 수적인 것이 아니다. 다수는 상대적으로 많은 양을 의미하는 것이 아니라 차라리 표준을 결정할 수 있는 자라고 말하는 편이 옳을 것이다. 그런 점에서 백인, 성인, 남성 등 다수성이 지배의 상태를 전제하는 것이 아니라 지배의 상태가 다수성을 뜻한다고도 말할 수 있다. 따라서 여기서 소수자, 마이너, 잔여라고 할 때 이는 어떤 가치 기준으로부터 배제되었거나 억압에 노출되어 있는 사람들, 캉유웨이가 구하고자 했던 이들이라고 말할 수도 있을 것이다.

그렇다면 우리는 여기서 다음과 같이 질문을 던져야 한다. 다수자와 소수자가 단지 수적인 구분이 아니라면, 그것이 표준의 문제라면, 그 구도를 깨는 길 역시 다른 방식의 사고가 필요한 것이 아닐까라는 질문이다. 우리는 흔히 다수자란 권력관계에서 힘을 가지고 있는 자이고, 그 관계에서 억압받고 있는 소수자가 다수에 편입됨으로서 문제를 해결할 수 있다고 생각하기 쉽다. 현실에서 살펴보면 이주노동자에게 자국민과 동등한 수준의 시민권을 주는 것으로서 이주노동자의 문제를 해결하는 것이 그런 방법일 것이다. 물론 이것이 불필요하다는 말은 아니지만, 여기서 조금 더 생각할 필요가 있지 않을까?

사고를 조금만 돌려 생각해 소수자를 배제와 억압의 대상이 아닌 자발적으로 다수가 점하는 그 권력관계의 기준을 이탈한자, 스스로 기준에서 벗어나고자 하는 자라고 긍정적으로 볼 수 있지 않을까? 20대 80의 세계를 넘어 1대 99의 세계가 되어 가고 있는 지금, 다수는 권력을 차지한 1, 자본을 독점하고 있는 1일 것이다. 그러나 1은 그 1을 구성하는 수가 많건 적건 하나로 뭉쳐 있다. 그리고 그들은 권력이나 자본의 이름 뒤로 숨어 버리는 자들이다. 결국 권력 혹은 자본이라는 이름이 그들을 대신할 뿐, 그들은 아무도 아닌 자들nobody이다. 그 이름이 없으면 결국 그들은 그 누구도 아닌 사람들이기 때문이다.

반면, 99의 경우는 단순히 수가 많은 이들이라는 의미가 아니라, 그들을 하나로 묶어낼 수 없다는 점에서, 그 어떤 것으로도 수렴되지 않는다는 점에서 소수다. 촛불 집회 때를 생각해 보자. 권력은 항상 배후를 묻는다. 촛불의 배후가 누구냐고? 뒤에서 조종하는 운동권이 누구냐고? 하지만 배후는 없다. 촛불은 우리 모두이기 때문이다. 다들 다양한 생각으로 모이지만 그 속에서 누군가의 명령이나 의지에 복종하는 것은 아니다. 그런 점에서 다수자는 아무도 아닌 자nobody, 그 가치를 받아들이는 자라면, 소수자란 스스로 경계에서 벗어나는 자 우리 모두everybody라고 말할 수 있을 것이다.

그렇다면 소수자의 다수자 되기가 아니라 소수자의 소수자 되기가 진정한 경계를 없애는 길이라 할 수 있다. 다수의 규범화하는 권력에 맞서는 것으로 잠재력의 대변자들! 그런 점에서 '우리 모두는 마이너이다', '우리는 모두 잔여다'라고 외치는 것이, 그럴 때 다수자와 소수자의 구분을 없앨 수 있지 않을까? 그 속에서 경계가 주는 폭력성을 밝혀내는 것이 그들과 우리의 경계를 없애는 길일지 모른다.

따라서 진정한 소수자 되기가 필요하다고 할 수 있다. 수적 다수성이 다수자를 의미하는 것이 아니라 할 때 수적 소수성 역시 소수자를 의미하는 것은 아니다. 여성이 지배적 남성과 같은 위치가 되는 것이 여성의 해방이라 할 수 있을까? 흑인이 인종 간의 폭력에 무관심한 채 백인의 지위에 올라선다고 해서 그것을 흑인의 해방이라 볼 수 있을까? 아닐 것이다. 그런 점에서 여성들조차 여성이 되어야 하고, 흑인들조차 흑인이 되어야 한다.

따라서 캉유웨이가 자신의 머릿속에서 해답으로 제시하고자 했던 소수자의 다수자 되기라는 방법은 실현 불가능하다는 점에서도, 그것이 그렇게 되어도 바람직하지 않다는 점에서도 대안은 될 수 없는 것이었다. 다수자를 강자로, 소수자를 약자로 치환하여 생각해 보면 더 쉽게 이해할 수 있을 것이다. 그렇다면 이 문제는 강자 아닌 강자 되기, 약자 아닌 약자 되기는 어떻게 가능한가라고 바꿔 생각할 수 있다.

이는 소위 문명에 대한 담론에서도 마찬가지이다. 강자가 되기 위한 새로운 국가의 건설, 그리고 이러한 문명의 도입은 적대의 정치 속에서는 계속 쳇바퀴 돌 듯 무한반복하는 수레바퀴와 같은 것이다. 그들이 가고자 한 길이 약자인 한 강자의 논리를 받아들일 수밖에 없고, 강자가 되어서는 똑같이 약자에게 강자의 논리만을 되풀이할 뿐이다. 단지 지금은 힘이 없어서 하지 못하고 있을 뿐! 따라서 예속을 벗어나는 것은 현재의 구조를 바꾸어 내는, 즉 탈주할 수 있는 능력이 필요하다. 힘의 관성에서 벗어나지 못하는 한, 새로운 것을 생성해 내지 못하는 한, 그 구도를 벗어날 수 없기 때문이다.

그렇다면 그들이 서구의 제국주의에 대항하고자 추구한 문명으로의 길은 결국 서구와 같은 제국주의의 수혜자가 되는 것이었다고 해도 지나친 해석은 아니지 않을까? 약자일 때는 자신을 억압하는 폭력에 대해서 비판하지만, 그 자신도 강자가 되고 나서는 동일하게 폭력을 휘두르는 사람처럼!

루쉰魯迅이라면 이를 피해자에서 가해자로의 자리 바꿈, 노예에서 노예를 부리는 주인으로의 지위 변경이라 불렀을 것이다. 그러나 주인과 노예의 변증법에서 지배-예속을 어떻게 벗어날 것인가는 주인 자리의 의자를 뺏어서 차지하기만 하면 되는 것이 아니다. 노예의 습성을 버리지 못하는 순간 주인이 되더라도 그는 주인이자 노예가 되기 때문이다.

평등에 대한 열망, 독립에 대한 열망은 바로 이 노예에서 벗어나기 위한 몸부림이었던 것이다. 그러나 이는 노예의 진보, 노예의 근면일 뿐 노예 자신이 노예라는 의식을 거부하는 것은 아니다. 서구 혹은 강자에 대한 열등의식 속에서 맹렬하게 그를 뒤쫓아 가다 보면 자신이 서구 혹은 강자가 될 수 있다고 믿는 것. 이것이야말로 우수한 노예는 될 수 있을지언정 결국 주인은 될 수 없는 노예다. 자신이 노예가 아니라고 생각하는 것 자체로 노예라고 할 때, 이 근대의 우등생들이 나가고자 했던 방향은 결국 우수한 노예가 되는 것은 아니었을까? 그런 점에서 문명의 추구는 강자가 제시한 패러다임 속에서 결국 우수한 노예가 되는 것에 지나지 않았다.

캉유웨이에게 이러한 동화의 논의가 확연히 드러난 것이 인종에 관한 논의에서였다. 그렇다면 이제 마지막으로 인종 간의 경계에 대한 그의 생각을 들여다볼 차례이다.

3
인종을 없애라!
위계를 넘어 동질화로

인종 개종 프로젝트

앞에서 보았듯이 캉유웨이는 대동세상에서 불평등을 만드는 모든 경계를 없애 버리고자 했다. 이제 국가와 계급, 가족과 같은 사회적 경계들은 사라졌지만 최후에 남은 형질적 차이인 피부색은 그로서도 어떻게 할 수 없는 것이었다. 가족의 경계, 국가의 경계가 사라진다고 해도 가장 해결하기 어려운 문제가 바로 인종의 문제였다. 자기와 비슷하게 생긴 사람, 즉 동류라고 직관적으로 느낄 수 있는 관계 속에서의 경계 철폐는 논리적으로 큰 충돌을 일으키지 않을 수 있다. 그러나 서로 다르게 생긴 사람을 어떻게 자기와 동류로 인식할 수 있을까?

이제 가정의 경계가 없어지고 국가의 경계가 없어진다 해도 아직도 하나의 엄청나게 큰 경계가 있어 대동, 태평의 길을 방해하고 있으니, 곧 종족의 경계로서 가장 없애기 어려운 것이다. 『대동서』, 285쪽

사카이 나오키酒井直樹는 "인종주의의 문제를 제시하지 않는 근대론은 일종의 농담에 지나지 않는다"고 지적한 바 있다. 이 시기의 인종 논의란 단순한 과학적·객관적 기준으로서 작동하는 것이 아니라, 자기와 타자를 구별하는 정체성 형성과 관련된 고도의 정치적 논의였다. 그런 점에서 인종적 동질성은 '자연적'이기도 하지만 동시에 '작위적'이다. 어디까지를 같은 인종이라 볼 수 있는가? 피부색의 차이를 결정하는 것은 불과 얼마 안 되는 멜라닌이라는 색소에 기인한다. 하지만 이러한 객관적인 차이를 인지하고 표현하고 결정하는 방식은 지극히 정치적이고 문화적일 수밖에 없다. 인종을 기준으로 하는 차별화 혹은 동질화는 이를 통해 밖을 배제하고 안의 동일성을 꾀하는 지극히 정치적인 작업이라는 것이다.

역사적으로 인종주의는 종족집단을 국민으로 전환시키는 근대 국민국가 형성 과정에서 국내통합의 이데올로기로서 기능하였다. 그것은 국내 통합을 위해 타자를 적으로 설정하고 타자와의 경계를 획정하는 작업, 달리 말하면 인종의 형질적 규정을 통해 동질적 집단을 국민화하고, 인종의 형질적 차이를 준거로 이질적 집단을 타자화하는 것이었다. 그

렇다면 캉유웨이같이 만물을 사랑하는 이에게 인종이란 무엇이었을까?

답부터 말하자면 그 역시 당시의 서구에서 유래한 인종주의로부터 자유롭지 못했다. 아니, 오히려 더 철저한 인종주의자였다고 할 수 있다. 그는 인종을 백인종, 황인종, 갈색인종, 흑인종으로 나누면서, 결국 모든 인종은 백인종으로 통합되어야 한다고 주장한다. 검은색과 흰색의 얼굴색 차이는 어떻게든 같아져야 하는 것이었다. 그에게 있어 흑인종은 짐승에 다름 아니며, 도태되거나 백인종으로 개량되어야만 하는 나쁜 인종으로, 이러한 차이는 절대적으로 없어져야 할 것이었다.

그는 피부색에 따른 백인종-황인종-갈색인종-흑인종의 서열화를 철저하게 보여 주고 있다. 지리적 결정론에 따라 인종의 차이는 모두 땅의 기운에 달려 있다고 보았다. 이 때문에 잘생긴 것과 못생긴 것, 우둔함과 총명함이 다르게 나타난다는 것이다.

그렇기 때문에 그는 흑인종, 갈색인종을 인간이 아닌 짐승과 같은 존재들로 그리고 있다. 그가 묘사하는 갈색인종은 눈빛이 탁하고, 얼굴색이 어둡고, 정신은 나른하고, 기질은 강한데 성품이 나태하고, 마음이 우매하여 쓸모가 적다. 흑인종은 이보다 더 심한데 쇳빛 얼굴에, 은빛 치아를 하고 눈만 반짝이고, 윗이마는 뒤로 젖혀졌고 아래턱은 앞으로 나왔는데, 매우 어리석고 지극히 우둔해, 바라보고 있으면 밉기도 하고 두렵기도 하다고 말한다. 이러한 갈색인종과 흑인종은 백인이나 황색인의 자질과는 거리가 멀어 마치 하늘의 천사와 지옥의 귀신 같다고까지 말하는 데 이르면 더 할 말이 없어진다.

또한 흑인은 동물로 묘사되기도 한다. "검은 얼굴에 흰 이, 비스듬한 턱이 마치 멧돼지와 같고, 앞에서 보면 소와 비슷하다. 가슴 가득 긴 털이 있고 손과 발도 새까맣고 둔하기가 양이나 돼지 같아 바라보기만 해도 두려움이 생긴다." 그렇기 때문에 아리땁고 가냘픈 백인 여성과 흑인들이 서로 친하고 동등하게 같이 식사하기를 바랄 수 없는 것은 당연하단다. 이런 못 말릴 외모지상주의자 같으니라고.

물론 동양인이었던 캉유웨이가 서양의 인종론을 그대로 받아들이지는 않았다. 그는 인종 간의 서열화 속에서 황인종과 백인종 사이의 차이는 있지만, 이는 흑인종, 갈색인종과의 차이와는 다른 차원이라고 생각했다. 그는 백 년 안에 황인종은 점점 흰색으로 변해서 저절로 백인종에 동화가 될 것으로 보았으나 갈색인종과 흑인종은 백인종과 거리가 멀어 합치는 것이 어려울 것으로 보았던 것이다. 그는 실제로 백인종의 강인함과 황인종의 지혜로움이 하나로 합쳐지기를 원했다. 하지만 흑인이나 갈색인종과의 차이는 어쩔 수 없는 것이었다.

여기에서 그는 모든 인종을 하나로 통합해야 한다고 대담하게 주장하는 데로까지 나아간다. 그의 논리상 평등한 관계를 맺기 위해서는 이러한 차이들은 계속되어서는 안 되는 것이었기 때문에 필연적으로 인종의 개종이 필요했다. 인종 개종을 통해 그는 천 년이면 전 지역 인종의 얼굴색이 같아지고, 모습도 동일하고 크고 작음도 같아지며, 지혜도 같아질 것이라고 예상했다.

만약 갈색인종이나 흑인종 중에 성격이 매우 나쁘거나 모습이 아주 흉하거나 혹은 질병이 있는 자는 의사가 후손을 끊는 약을 먹여 그 인자가 유전되는 것을 끊어 버린다. 천 수백 년 뒤에는 지구에 인구가 많은 것이 걱정일 텐데, 너절한 흑인의 못된 종자들이 우리 좋은 종자들을 더럽히고 퇴화시키게 할 수는 없다. 이 때문에 도태시키면 유전되는 것이 많지 않을 것이다. 그리고 땅을 옮기고 다른 종족과 결혼시키는 방법 외에 기거와 의복·음식으로 잘 양성시키고 학교 교육으로 인재를 기른다면 어찌 흑인들이 변화하지 않을까 걱정하고, 나아가 대동이 되지 않을까 근심하겠는가?

「대동서」, 295~296쪽

유전법칙을 응용해서 종족의 개선을 연구하는 학문이었던 근대 우생학(優生學)과 결합한 인종주의는 인종을 개종해 열등한 인종을 보다 우등한 인종으로 만들어야 한다는 명제에 사로잡혀 있었다. 그가 내세운 방법은 추운 지방으로의 이주, 식생활의 개선, 그것도 안 되면 다른 인종끼리 결혼시키기 등이었다. 심지어 이런 방법까지 안 되면 나쁜 인종을 도태시켜야 한다고까지 서슴없이 말한다. '더러운 종자들은 제거하라. 아름다운 백색 세상에 검은 것들은 필요없다'는 폭력적인 논리가 등장하는 것이다.

난쟁이들의 유토피아

인종뿐만이 아니다. 대동세에는 모든 문자와 언어, 음식, 의복은 하나로 통일되어야 한다. 이러한 동화의 논리는 모든 이질적인 것들의 제거, 차이의 무화로 나타난다. 산, 계곡들을 모두 평탄하게 깎아 자유롭게 통할 수 있게 만들어 대동세상을 열겠다는 발상 속에 모든 이질적인 것들의 차이를 제거해서 하나의 세상을 만들어야 한다는 캉유웨이의 생각이 담겨 있다.

> 대동세에는 전 지역이 대동하므로 국토의 구분, 종족 간의 차별, 군사적인 다툼이 모두 없어진다. 따라서 산을 나누어 요새를 만들거나 물을 이용하여 수비할 필요가 없으므로 험난한 지형을 모두 깎아 평탄한 길로 만든다. 예부터 있어 왔던 높은 산, 깊은 계곡, 단절된 사막과 너무 더워 두통거리인 지역, 풍재風災가 있는 곳, 귀신이 나올 것 같은 곳, 깊은 밀림, 독사와 맹수가 있는 곳, 야만인들이 서식하는 곳 등을 평정해서 평탄하게 만들고 어려움을 없애지 않은 곳이 없다. …… 이런 세상이 이른바 대동세이고 태평세인 것이다. 「대동서」, 585~586쪽

이러한 논리 속에서 필요 없는 것들의 제거는 신체의 모든 털들을 제거해야 한다는 논리에까지 이른다. 그는 대동세에는 머리칼로부터 수염, 눈썹에 이르기까지 온몸의 모든 털을 깎아 버린다고 말한다. 사람의

몸은 깨끗해야 하므로 털은 모두 소용이 없다는 논리이다. 그에 의하면 새나 짐승이 온몸이 털로 덮여 있고 야만인의 몸에도 털이 많으나, 문명인은 그렇지 않으니, 문명화된 태평세의 사람은 모든 털을 없애 버려 몸을 깨끗하게 해야 한다. 즉, 털이 많고 적음을 짐승과 문명의 기준으로 삼았다.

이러한 입장에서 동화에 도움이 되지 않는, 동화될 수 없는 존재들은 모두 없어져야 할 것이 된다. 개체는 개체로서 살아 있을 수 없고, 어떠한 기준에 부합하느냐 부합하지 못하느냐에 따라 없어져야 할 대상으로 전락하게 된다. "같아져야 한다"는 그의 강조 앞에서 방해되는 것들은 제거해야 할 대상에 불과하다. 문명은 깨끗한 것이고, 이러한 깨끗함을 어지럽히는 더러운 것들은 '참을 수 없는 존재'가 되어 버리고 마는 것이다. 야만인들은 얼굴에 때가 끼고 입에서 냄새가 나며, 땅을 기어다니므로 다른 사람들이 가까이 하기를 꺼리는 존재로 짐승과 같다. 더러운 것은 악이며, 이에 반대되는 문명은 깨끗한 것이며 선으로 등치된다. 문명이 깨끗함과 동일화되는 기묘함. 위생이 문명으로 치환되는 순간이다.

> 야만인의 더러움이 짐승과 같다는 것을 아는 것은, 좋은 향기와 청결이 짐승과 멀다는 것을 아는 것이다. 악한 것과 어지러운 것은 더러운 것이며, 문명은 깨끗한 것이다. 「대동서」, 673쪽

그의 문제의식과는 달리 실제 캉유웨이가 그려 내고 있는 대동세상이 낙원으로 보이지 않는다면 그 이유는 무엇일까? 그것은 아마도 캉유웨이가 유토피아로 그려 냈던 대동의 세상에 디스토피아가 겹쳐 보이기 때문이리라. 마치 조지 오웰George Orwell이 그렸던 전체사회의 암울함이 『대동서』에서 이미 재현되고 있는 듯한 착각마저 들게 한다.

캉유웨이에게서 이런 모습이 드러나는 것은 아이러니다. 그가 고통받는 개인들을 구제하기 위해 고안한 세상이, 개인들을 억압·통제하는 방식으로 나타난 것이다. 물론 캉유웨이 역시 개인의 욕망을 인정하지만, 그러한 개인의 욕망은 대동세상을 위해서 희생·통제되어야 한다. 보다 더 큰 가치를 위해서 개인적인 희생은 감수할 수밖에 없다. 그는 정치의 도리란 "개인을 버리고 대중을 생각하는 데 있다"고 단언한다.

> 정치의 도리는 개인을 버리고 대중을 생각하는 데에 있다. 만약 백성을 희생시켜서 나라를 세운다면 이는 곧 나라를 세우는 일을 중히 여기기 때문에 백성의 생명을 경시하는 것인데, 나라를 세우는 데 있어서 이런 일은 사실 부득이한 것이다. 『대동서』, 383쪽

물론 개인을 버린다고 할 때 그들을 억압·통제하기 위한 목적으로 그들을 이용하는 것은 아니다. 그는 "인생이란 낳아 기르고, 가르치고, 늙어 병들고, 고생하다 죽는 것에서 벗어나지 못함"을 말하고, 태평세

에는 이 모든 일을 공공기관에서 전담해 개인을 구제해야 한다고 주장한다. 앞에서 살펴보았듯이 대동세상에서는 사람이 태어나면서 교육받고 죽을 때까지 모든 것이 공적으로 이루어진다.

이러한 논리는 "인간은 인간이 만든 것이 아니라 하늘이 낳은 존재"라는 사고에 바탕을 두고 있다. 인간은 개인적인 존재가 아니라 하늘이 내린 존재이다. 따라서 개인적인 욕구 역시 공적 목적을 위해서는 조절되어야 한다. 부모가 죽더라도 너무 슬퍼해서도 안 된다. 대동세의 사람은 "하늘이 낳은 자로 공중公衆에 속한 몸이며 더 이상 사사로운 데 속한 사람이 아니"기 때문에, 한없이 슬퍼하는 것을 허용하지 않는다는 것이다. 마찬가지로 아이를 가진 상태에서는 '식욕'과 '성욕'조차도 국가의 통제에 따라야 한다. 아이를 출산하는 일조차도 공적 임무 중에 하나이기 때문이다.

대동의 궁극적 목적이 삶을 즐겁게 해주는 데 있다고 하더라도 사람은 인간이 낳아 사적으로 기르는 존재가 아니고, 하늘이 낳아 공적으로 기르는 것이므로 부녀자는 다만 하늘을 대신해서 아이를 낳는 것이다. 따라서 정성을 다해 하늘을 섬기고, 힘을 다해 공공에 보답할 책임이 있다. 여자가 아이를 가지면 이미 공인이 되므로 공적인 마음으로 아기를 길러야 한다. 만약 사사로운 즐거움을 좇아 임무를 저버린다면 관직에 있으면서도 직무에 태만하고 뇌물을 받는 것과 같은 것이다. 『대동서』, 466쪽

이런 의미에서 대동세상은 철저하게 '규율화'된 사회이자 '통제사회'이다. 그는 실제로 모든 산업을 공영화해야 한다고 주장하며, 이 속에서 노동자는 군인과 같은 엄격한 규율하에 있는 존재들로 그리고 있다. 해방을 위한 논리가 또 다른, 아니 더 큰 억압을 낳는 모순! 그가 바라는 공적 가치에 어긋나는 존재들은 통제와 억압의 대상이 되거나, 도태시켜야 할 존재가 되어 버린다. 그가 개체의 독립을 강조하지만, 이러한 목적론적·가치론적 공적 중요성이 압도할 때 개체의 독립이라는 가치는 그에게서 전도되어 사라진다.

대동의 세상에서는 모두가 스스로 가치를 창조하지 못하는 자들이라 할 수 있다. 전체주의로서의 디스토피아의 모습을 띠는 것 역시 이 때문이다. 조건반사의 세계! 자발성 없는 꼭두각시의 세계! 그 속에서 모든 기준과 코드가 하나로 단일화된다. 『대동서』에 무언가 숨쉬기조자 힘들 정도로 답답한 암울함이 겹쳐지는 것도 이 때문일 것이다.

캉유웨이의 대동세계에서는 어떠한 생산적인 힘들도 분출될 수 없다. 그것은 차이들을 만들어 내고 결국 차별을 만들어 낼 수밖에 없기에. 이런 점에서 캉유웨이에게서의 평등이란 '살아남을 가치 있는 자들의 평등'이라 할 수 있다. 그에게 살아남을 가치 있는 자들, 결과적으로 살아남은 자들은 서로 평등할 수 있지만, 그럴 수 없는 자들은 사라져야 할 존재로 변해 버린다.

그러나 이렇게 평등하고 하나가 된 세상 속에서 살아남을 수 있는 것은 역설적으로 왜소한 난쟁이들뿐이다. 모든 거인들은 길들여져서 난쟁이가 되거나 사라진다. 마찬가지로 맹수 역시 길들여지거나 멸종된다. 대동의 세상에서 맹수는 동물원에 한낱 구경거리로만 존재할 뿐, 세상에는 길들여진 동물만이 존재한다.

대동세가 도래하면 지구상의 짐승 중에 사납고 인간의 생명을 위협하는 동물은 멸종시킨다. 그중 한두 종류는 연구를 위해 생물원에 보존한다. 동물이 태어나고 좋아하는 곳에, 산이나 언덕, 동굴 같은 곳에 철책을 만들어 가두어 둔다. 그 수는 지구상에 있는 전체 생물원에 필요한 수량에 따라서 정한다. 생물원은 모두 산중에 두거나, 산이 없으면 인공적으로라도 만든 산에 둔다. 온 세계가 넓다 해도 생물원 외에는 맹수가 없으며, 단지 길들인 짐승만이 있을 뿐이다. 이러한 때가 오면 전 지구는 인간이 완전히 다스리는 땅이 된다. 『대동서』, 655쪽

그런 점에서 그가 그리는 대동세는 광기가 사라진 시대라 할 수 있다. 물론 이때 광기는 건강함의 반대가 아니라 길들여짐의 반대이다. 광기가 사라진 시대, 야만이 거세된 사회, 그것이 대동의 세계였다. 그리고 그 속에서 차이는 무화되고 동일자들의 획일화된 유토피아로 귀결된다. 하지만 이 안의 난쟁이들은 노예의 유토피아에서 과연 행복할 수 있을까? 물론, 노예의 유토피아란 말이 어불성설이긴 하지만 말이다.

실패한 몽상가? 선지적 예언가?

성경에 "시작은 미미했으나 그 끝은 창대하리라"는 말이 있다. 이를 비틀어 캉유웨이의 대동세상의 기획을 말한다면, "그 시작은 창대했으나 끝은 미미하게 되어 버렸다". 모든 존재들이 평등하고 자유롭게 살 수 있기 위해 그가 기획한 만물이 하나가 되는 유토피아, 모든 경계가 사라진 유토피아라는 그림과 그가 실제 그려 낸 세상의 차이 때문일 것이다. 그렇다면 그의 시작이 보여 준 창대함과 그 끝이 보여 준 미미함을 우리는 어떻게 받아들여야 할까? 이를 단지 모든 유토피아적 기획은 결국 디스토피아로 향할 수밖에 없다는 한숨 섞인 자조로만 끝낼 것인가?

이에 대한 답으로 그의 제자 량치차오가 스승의 의견에 대해 내린 평가를 듣는 것도 의미 있을 것이다. 그가 보기에 스승의 이야기는 먼 훗날에나 가능할지는 몰라도 당장 국가의 존망이 걸려 있는 동아시아의 상황에서는 백일몽에 불과했다.

종교가의 의론은 걸핏하면 천국이니 대동이니 일체 중생을 떠든다. 이른바 박애주의, 세계주의가 어찌 최고의 덕이자 두터운 인이 아니겠는가? 그렇기는 하지만 이러한 주의들이 이상세계에서 벗어나 현실세계로 들어오는 것을 과연 기대할 수 있겠는가? 이러한 일은 아마 수천 수만 년을 기다려야 할지 모르겠는데, 어찌 현재 그러한 학설을 취하겠는가? 량치차오, 「신민설」, 「음빙실전집」(飲氷室全集), 중화서국(中華書局), 1972, 17~18쪽

제자의 눈에는 스승의 고견이 답답했을 것이다. 지금이 어느 때인데 그런 한가한 소리 하고 있느냐고. 당장 나라가 망해 가는 판국에 그런 대동이니 하는 말이 현실세계에 무슨 소용이 있느냐고. 그는 당장 애국의 길에 나설 영웅을 필요로 했다. 『이태리 건국 삼걸전』에서 그가 보여주고자 했던 영웅들은 대동의 세상을 꿈꾸는 인물들이 아니라 당장 패망이 눈앞에 도래한 시대에 구국의 한뜻으로 매진할 수 있는 영웅들이었다. 그리고 이들은 온몸이 애국심으로 똘똘 뭉친 존재들이어야만 했다. 이후 스승과 제자는 각자의 길을 간다. 한 명은 동아시아 근대의 아버지로, 한 명은 이상에 빠진 몽상가로. 현대의 역사가들의 평가대로라면 그렇다. 하지만 과연 그렇게밖에 해석할 수 없을까?

량치차오가 평가하듯이 캉유웨이는 매사에 너무나 주관적이었고 자신감이 넘쳐 객관적 사실들을 왜곡하거나 자기 식대로 해석하는 경향이 심했다. 그런 만큼 그의 주장이 허황되게 들릴 수도 있고, 흡사 사이비 교주마냥 정신병자처럼 보일지도 모른다. 하지만 이 시대에 새로운 사상이란 결국 미치지 않고서 어떻게 가능했을까? 같은 시기를 살았던 장빙린章炳麟은 당대에 필요한 것은 미치광이라고, 당시 필요한 것은 정밀한 사상을 신경병에 탑재하는 것이라고 말한다. 실제 그 당시 필요한 것은 논리적 이해와 설득이라기보다 공감과 교감이었을지 모른다. 세상을 바꿔 새로운 유토피아에 도달할 수 있다는 희망의 교감. 그런 점에서 캉유웨이의 꿈은 미치광이의 꿈일 수 있어도, 이러한 꿈이야말로 당대에 필요했던 것이 아닐까?

캉유웨이는 공자가 말한 '광자'狂者에 가까운 인물이었는지도 모른다. 이때 광자란 이상이 너무 커서 실천이 거기에 미치지 못하는 자이고, 이에 대비해 향원鄕原은 흔히 생각하는 모범생이다. 그런데 공자는 둘 중에 광자의 편을 든다. 광자는 자신의 믿음을 확신해 허풍쟁이로 보이고 능력이 이를 따르지 못한 점은 문제라 할 수 있으나, 큰 뜻을 가진 자로 성인이 되는 길에 있다는 이유에서이다. 반면 향원은 마음에서 우러나와 하는 것이 아니라 주변에서 그렇게 인정하니까 그렇다고 따르는 자이다. 스스로의 믿음에 의해 행하는 자가 아니라 주위의 시선이 무서워 그것을 따르는 자가 향원이니, 열심히 따르기는 하지만 그는 노예에 불과하다.

이런 점에서 보자면 캉유웨이는 너무 많은 꿈을 꾸었고, 지나치게 시대를 앞서 나간 인물일지 모른다. 그러나 그랬기에 오히려 반시대적이어서 시대를 구원할 사상이 나올 수 있지 않았을까? 그런 점에서 량치차오가 구국의 기치를 건 영웅이었다면, 캉유웨이는 새로운 세상을 꿈꾸었던 예언자, 선지자에 가까웠던 것이 아닐까? 비단 그가 그린 세상이 전적으로 빛나는 아름다운 세상은 아닐지라도, 현실에 대한 치열한 문제제기 그리고 새로운 세상을 만들어 내겠다는 의지 속에서 그의 사상은 다시금 주목될 필요가 있는 것은 아닐까?

지금까지 우리는 캉유웨이가 그려 낸 대동세상으로의 여행을 함께해

왔다. 하지만 캉유웨이와 함께한 여행의 도착점에 서서 우리는 또다시 행선지를 잃어버렸다. 이제 우리는 어디로 가야 하는가? 그러나 두려워 할 필요는 없다. 모든 가이드북은, 그것이 자신에게 맞는 것이 되려면 늘 '지금, 여기'의 시점에서 다시 쓰여져야 하니까 말이다.

그렇다면 우리는 여기서 다시 새로운 여행을 기획해야 할 것이다. 여행이란 어디 도달해야 할 목적지를 설정하고 그것을 향해 가는 길이기도 하지만, 본질은 오히려 그 과정에 있다. 그런 점에서 보자면 여행의 의미는 '목적지'에 있는 것이 아니라 '중간'에 있다고 할 수 있지 않을까? 그렇다면 혁명도, 유토피아 역시도 마찬가지 아닐까? 혁명의 완수라는 목적지가 아니라, 그것을 향해 가는 여정이야말로 혁명의 본질이라고. 그리고 그 여정에서만 우리는 새롭게 변신한 자신을 만날 수 있다고 말이다.

여행 Tip 동양의 지식인은 서양을 어떻게 받아들였나

민족국가의 경계를 확보하려는 노력이 대세였던 시대 상황 속에서 그 경계를 넘어서 세계평화를 제창하는 것은 일견 시대착오적 발상처럼 보인다. 베네딕트 앤더슨Benedict Anderson이 주장하듯이 민족이라는 개념이 전체 인류에 대비해서 '제한된' 것으로 상상되며, 아무리 큰 민족도 그 자신을 전체 인류와 동일시하지 않는다는 점에서, 이러한 보편적 사유는 민족국가 건설이라는 역사적 경로와 일치하지 않기 때문이다. 그렇다면 서구든 비서구이든 근대체제가 국가를 단위로 하여 세계적 팽창을 지향하는 근대 국가 시스템 속에서 국가를 넘어서는 보편세계에 대한 지향은 어떤 함의를 갖는가? 이러한 보편주의적 발상은 동양과 서양의 조우라는 관점에서는 어떤 의미를 보여 주는가? 여기서 우리는 동양과 서양의 조우라는 관점에서 동양의 지식인이 어떻게 서양을 인식하고 어떻게 문제를 해결하려 했는가를 거시적 관점에서 살펴볼 필요가 있다.

이를 크게 보자면 동양과 서양이라는 차이에 대한 관점이라 볼 수 있다. 즉, 어느 쪽이 중심이 될 것인가? 서구와의 충돌은 새로운 가치관, 새로운 문명관이 중심으로 등장함을 의미했다. 그동안 중심을 자처했던 중화中華는 그런 점에서 이제 중심의 지위를 잃게 되었다. 전통적 화이론은 서양을 금수로, 즉 인간이 아닌 존재로 바라보는 방식이었다. 중화를 제외한 서양은 자신과는 아예 다른 존재로서 예가 적용될 수 없는 금수에 지나지 않았다. 여기서는 그들과 우리 사이에 차이는 분명하고, 그들은 결코 섞여서는 안 되는 존재들로 규정된다. 하지만 서양과의 접촉이 잦아질수록, 그들을 객관적으로 보는 시각 역시 차츰 발견되어진다. 웨이위안의 서양인식은 그런 점에서 서양을 오랑캐로 인식하기는 했지만, 서양에 대한 객관적 이해의 시작이라 할 수 있다. 서양과의 차이를 인정하고, 그 속에서도 배울 게 있다는 것을 인식한다는 점에서 전통적 화이론과 결별하는 지점이기도 하다.

이 책(『해국도지』)을 왜 지었는가? 오랑캐를 이용하여 오랑캐를 공격하고 두드리기 위해 지었으며, 오랑캐의 장기를 배워 오랑캐와 강화하기 위해 지었다. …… 똑같이 대적하더라도 그 사정을 아는 것과 모르는 것은 이해가 크게 다르고, 똑같이 강화하더라도 적의 사정을 아는 것과 모르는 것은 이해가 크게 다르다. 옛날 외이外夷를 물리친 자는 적의 상황을 자신의 책상과 잠자리처럼 잘 알고 적의 사정을 자신의 잠자리와 음식처럼 잘 알았다. 웨이위안, 『해국도지』(海國圖志), 『웨이위안전집 4』(魏源全集), 악록서사(岳麓書社), 2004, 1쪽

그들의 장기를 배워 그들을 방어해야 한다는 논의 속에서 이제 이민족은 철저하게 방어의 대상이 된다. 이러한 방어적 발상 속에서 조금

더 나아간 것이 동도서기적 발상이다. 동도서기란 말은『주역』周易「계사전」繫辭傳 "형이상자 위지도, 형이하자 위지기"形而上者 謂之道, 形而下者 謂之器라는 문구에서 나오는 말로, 주자학적 사유체계 속에서 기본적으로 도가 기의 속성을 규정하며 도의 근본적 성격은 도덕이며 따라서 기 또한 도덕적으로 구성되어야 할 사항임을 지적하는 것이었다. 그리고 이러한 위계적인 도와 기의 구분 속에서 정신으로서의 도와 물질로서의 기를 이분하고, 서양의 기술 역시 동양의 도에 복속되어야 할 것으로 간주했다. 동도서기는 동교서법東敎西法, 중체서용中體西用, 화혼양재華魂洋才라는 비슷한 개념으로 동아시아에서 변주되었다. 이러한 동도서기적 발상에서는 서양에서 배울 것이 있을 수도 있다는 발상에서 더 나아가 그들이 기술적인 면에서는 우위를 갖고 있음을 인정하는 태도를 볼 수 있다.

　전통적 도기론 속에서 서양은 사물의 근본이 아닌 기술의 발전을, 도가 아닌 기를, 간단한 것이 아닌 복잡한 것에 매달리는 데 동양과 차이가 있다. 이는 결국 중국과 서양의 차이고, 본질은 중국에 있다는 점을 강조함으로 서양을 끌어안는 방식이다. 이와 비슷한 논리는 장지동張之洞에게서도 보인다. 장지동은 그의『권학편』에서 중체서용 사상을 계통적으로 설명해 중체서용이란 낱말을 하나의 구호로 확정시킨 인물이다.

　　중국의 학문을 내학內學으로 삼고 서양의 학문을 외학外學으로 삼는다. 중국의 학문으로 심신을 닦고 서양의 학문으로 세상사에 대응한다. 모든 일에 대해 반드시 경전에서 근거를 찾을 필요는 없지만 경전의 뜻을 거스르는 일은 절대 없어야 한다. 성인의 마음가짐으로 성인의 행동을 하고, 효제충신의 덕을 갖추어 군주를 받들고 비호하는 정치를 베푼다면, 아침에 증기 기관차를 운전하고 저녁에 철로를 달려도 성인의 학도가 되는 데는 아무 문제가 없을 것이다. 장지동, 「권학편」(勸學篇), 중화서국(中華書局), 1991, 191~192쪽

동도서기론자들에게 있어 '중국학이 기초라면 서학은 보조학'인 것이었다. 결국 이들은 자신과 타자를 준별하는 방식으로, 자신과 타자와의 차이를 강조한다. 자신의 주체성 속에서 서양을 받아들이는 방식을 보여 주는 이러한 논리 속에서 아직까지 서양은 자신과의 차이 속에서 해석되고 있다.

장지동이 설명한 중체란 몇천 년 동안 내려온 중국의 윤리도덕으로 이는 변할 수도 없는 것으로 파악하고 있다. 물론 각 학자들마다 중학中學이 무엇인지에 대해서는 약간의 차이가 있지만 대체로 중체서용에서 중학이란 중국의 전통의식 형태와 정치경제제도를 의미했다. 한편 서학 역시 시기와 사람에 따라 다르게 인식되었는데, 1840년대에서 70년대까지는 주로 서양의 견선리포堅船利砲, 즉 기예를 배우는 것이고, 70년대에서 80년대에는 서양의 자연과학과 상공업 제도를 배우는 것이었고, 80년대에서 90년대에는 과학기술과 정치제도와 인문사상을 포함하는 것이었다.

그러나 이들에게 공통된 목적은 이러한 중체와 서용의 관계에서 서학을 이용하여 중체의 체體의 지위를 공고히 하려는 데 있었다. 즉 서양의 물질문명을 이용하여 중국의 봉건통치와 공맹지도 중심의 중국을 안정시키고자 한 것이라는 점에서 공통점이 있었다.

이후 1890년대 초 일부 개혁가들의 글에서는 기와 도의 분리 불가능성을 강조하는 경향이 뚜렷하게 나타나기 시작했다. 만약 서구 지식이 도구로서의 가치를 갖고 있다면 어떤 것에든 도가 내재되어 있을 것이기 때문에 서학 속에도 틀림없이 도가 들어 있다는 것이었다.

이는 옌푸의 중체서용론 비판에서 잘 드러난다. 그는 체용體用은 한 사물에 대해 말하는 것이라고 하면서 중체서용론을 비판한다. 소牛의 본체가 있으면 무거운 짐을 지는 작용이 있으며, 말馬의 본체가 있으면 멀리 달리는 작용이 있을 뿐이지, 소를 본체로 삼고 말을 작용으로 삼는다는 말을 들어보지 못했다는 비판이다. 따라서 중학에는 중학의 체용이 있고 서학에는 서학의 체용이 있다. 그것을 분별하면 함께 설 수 있지만 그것을 합하면 둘 다 망한다는 것이 그의 논의였다.

결국 동도서기, 중체서용에서 보이는 방식은 자신과 타자를 준별하는 방식으로, 자신과 타자와의 차이를 강조한다. 자신의 주체성 속에서 서양을 받아들이는 방식을 보여 주는 이러한 논리 속에서 아직까지 서양은 자신과의 차이 속에서 해석되고 있다.

그렇지만 대동사상에서의 발상은 차이에 주목하기보다, 오히려 차이가 없음을 강조한다. 실제로 량치차오는 캉유웨이의 사상을 중체서용에서 한 발 더 나아간 '부중불서 즉중즉서'不中不西 卽中卽西, 즉 중과 서를 동일하게 파악한 것이라고 말한다. 량치차오는 청일전쟁의 참혹한 패배후, 이홍장·장지동 등의 주장을 중체서용이라고 비판하고 다음과 같이 말하고 있다.

> 이런 말("중학위체, 서학위용"中學爲體 西學爲用)이 유행하고, 온 나라가 이를 맞는 말이라 여겼다. 대체로 당시 사람들은 서구의 제조기술, 측량기술, 운전기술, 군사훈련 능력을 제외하고는 그 밖에 학문에 대해서는 전혀 인정하지 않았으며, 또한 번역된 서양 책을 찾아봐도 다른 종류의 학문은 전혀 찾아볼 수가 없다. 캉유웨이, 량치차오, 탄쓰퉁 등의 무리는 이러한 '학문적 기아상태'를 배태시킨 환경에서 깊이 사색하여 "중도 아니고 서도 아니다. 바로 중이며 바로 서다"不中不西 卽中卽西를 주장하는 새로운 학파를 형성하고자 했으나, 시대가 이를 용납하지 않았다. 고유의 옛 사상은 이미 뿌리 깊이 박혀 있었고, 외래의 새로운 사상은 근원이 얕아서 퍼내면 쉽게 바닥을 드러내니 그 부족함과 분열됨은 당연한 것이다. **량치차오, 『청대학술개론』(『중국 근대의 지식인』, 215~216쪽)**

이러한 '부중불서, 즉중즉서'不中不西 卽中卽西의 발상이란, 동양과 서양은 다르지 않다는 것이다. 캉유웨이의 대동사상에서는 앞에서도 살펴보았듯이 서구와 동양의 보편정신에는 차이가 없다고 주장한다. 즉, 대동사상에 나타나는 논리란 서양과 중국의 차이란 없으며, 본질적으로 하나라는 관념이다.

그러나 이는 캉유웨이가 그 둘의 차이를 인식하지 못한 것으로 보기는 어렵다. 그의 사상이 자신과 타자의 차이를 무화하는 방식으로 나아간 것을 특징으로 한다면 이러한 차이를 인정하지 않는다는 것은 둘을 동일하게 바라보고 있음을 말하는 것은 아니다. 캉유웨이의 대동사상에서는 서양과 동양이 다르지 않음을 주장하지만, 이는 차이가 없음을 말하는 것이 아니라 차이가 있어서는 안 됨을 말하는 것, 그 속에서 차이가 없음을 강변하는 것이라고 볼 수 있다. 즉, 그가 주장하는 경계없음의 논리는 만물일체관 속에서 차이를 없애야 평등해질 수 있다는 논리였다. 결국 그들이 말하고자 하는 것은 같기 때문에 우리는 평등하다는 논의로 나아가게 된다.

이러한 논리는 부회론附會論 혹은 서학중원설西學中源說과도 차이를 보인다. 서학중원설이 제기하는 것은 현재 서구를 강하게 만든 기술이나 정치제도들이 원래는 중국에서 건너갔다는 것이었다. 그러나 이는 중국과 서구의 원리마저 동일하다는 것을 의미하는 것은 아니었다. 단지 그러한 기술이나 제도들은 부차적인 문제로, 그것이 원래는 중국에도 존재했었음을 입증하려는 노력이었을 뿐이다. 중국에서는 전통적으로 불교가 노자에게서 유래되었다든지, 명청 시기 황종희·매문정 등의 학자들이 서양 과학이 원래는 중학에서 전래되었음을 주장한 일들이 있었다. 이와 같은 서학중원설은 19세기 다시 크게 대두되는데, 1870년대와 80년대에 걸쳐 서양 문명의 모든 혁신과 발명이 궁극적으로는 동양으로부터, 다시 말해 중국에서 온 것임을 증명하려는 이러한 변증론은 명백히 문화적 자긍심 혹은 나중의 민족주의적 자긍심을 지키려는 노력 가운데 하나였다.

이러한 논법, 즉 중국문화는 충분히 서양과 같은 기술과 제도를 낳을 수도 있었지만 에너지를 그런 쪽으로 돌릴 생각이 없었다는 식의 논법은, 서양의 혁신들을 폄하하려는 강경보수주의자들에 의해 이용되었으며 보다 일반적으로는 혁신을 정당화시키는 방책으로 이용되었다. 그것은 중국인들을 대상으로 개혁적 작업을 해나가는 데 부회론이 손쉬운 설득방법이라는 전략적 고려에서 나왔을 수도 있고, 자신의 것을 버리고 서양의 것을 따른다는 비판에서 자유로울 수 있다는 고려에서 나왔을 수도 있다.

실제로 서학중원설은 서학이 중국에 보급되는 데 보조적 역할을 했다. 서학중원설에 의하면 서학은 중국 것이라는 설명이 되며 이는 전통적으로 중국인들이 갖고 있는 양이사상을 약화시킬 수 있었고, 패배감을 해결하기 어려웠던 시기에 중국인에게 민족적 자부심을 불러일으킬 수 있는 것이었기 때문이다. 양무운동 시기 서학중원설과 중체서용론은 양무파들이 수구 보수파의 반대를 피하기 위하여 제시한 하나의 방편이었다. 그러나 실질적으로 그 이면에서는 전통적 화이질서의 틀이 깨지지 않았다.

이러한 중심에 대한 문제는 결국, 차이를 부정하고 서양의 것을 따라야 한다는 근대화론으로 이어졌다. 후쿠자와 유키치가 말하는 아시아에서 벗어나 서구로 나아가야 한다는 유명한 탈아입구론은 그것을 단적으로 보여 준다. 당시 서양이 제시하는 '중심으로의 동화'는 후쿠자와 유키치 등 당대 근대 국민국가를 완성하고자 하는 이들의 목표로, 그것은 동양과 서양은 차이가 없으며, 결국에는 서양의 중심·규범을 받아들여야 한다는 것으로 결론이 났다. 이는 척화론, 배양론 등의 주장에서 보듯이 중심을 중화에 그대로 두고, 서양을 배척해야 한다거나 서양을 교화시켜야 한다는 것과 정반대의 위치에 있었던 것이다.

Outro
또 다른 여행: 다시 대동으로!

다중심으로 경계 무너뜨리기

캉유웨이는 전통과 근대, 강자와 약자의 문제를 해결하려는 시도 속에서 새로운 질서를 모색했다. 그가 바랐던 것은 어떤 경계에도 구속받지 않는 자유로운 영혼들, 그 경계들을 뛰어넘는 '주인'들이었다. 주인으로서의 삶이 가능하려면 일단 경계에서 자유로워야 한다고 생각했던 것이다. 그렇다면 경계를 뛰어넘은 인간들로 이루어진 캉유웨이의 세계는 주인들의 세계여야 마땅하다.

하지만 이미 보았듯이 캉유웨이의 대동세상에서 경계에서 벗어난 이들은 탈주하지 못하고 또다시 답답한 세계에 갇히고 만다. 대동의 세계가 어떤 경계에도 사로잡히지 않는 탈주의 길을 가고자 했음에도 불구하고, 그것이 다시 거대한 하나의 대동이라는 동일화의 패러다임으로 '재영토화'되어 버렸다.

그렇다면 왜일까? 여기서 우리는 질문을 '경계'라는 문제에서 경계를 '넘는다'는 것으로 바꾸어 보자. 이는 경계를 어떻게 없앨 수 있는가라는 방법론적 차원의 문제로, 우리는 경계를 '넘는' 것이 경계를 '없애'는 것과는 다르다는 점을 인식할 필요가 있다. 그것이 어떤 경계이든지, 그 경계 안에서 사고할 수밖에 없는 자, 그를 경계의 노예라 할 수 있다. 하지만 경계 철폐를 단지 그 경계가 있고 없음의 문제로만 보는 것 역시 경계라는 사고틀 안에서 사유하는 자이지 않을까? 물론 경계를 없애야 하지만 그 경계를 없애는 것이 단지 중심과 주변을 같게 만드는 것은 아니기 때문이다.

그럼 이렇게 생각해 보는 건 어떨까? '경계를 횡단하기'란 고정된 경계를 없애는 것이 아니라 그 경계들을 자유롭게 넘나들면서, 그 경계들을 우습게 만들어 버리는 것이라고. 그렇다면 어쩌면 경계들을 부수는 망치-되기보다 그 경계들을 들쑤셔 놓는 두더지-되기가 더 효과적인 방법이 될 수 있지 않을까? 그런 의미에서 경계란 바깥에서 없애는 것이기도 하지만 내파시켜야 할 것으로 볼 수 있다. 캉유웨이의 경계에 대한 사유는 그런 점에서 다시 재해석되고, 새로운 방식으로의 철폐로 바뀌어야 한다. 그가 경계란 없어져야 한다고 외칠 때, 철폐는 단지 있는 것을 없애는 데 그쳐서는 안 된다.

188

그런 점에서 그는 서로 같기 때문에 끌어당긴다는 논리의 모순점을 의식하지 못했다. 그렇게 대동을 정의했을 때 이는 같은 것 사이에서만 끌림이 있고, 그것은 동류라는 이유로, 자신의 기준에 부합하는 정도에 따라 끌어당긴다는 문제를 낳게 된다. 하물며 자석도 끌어당기는데 사람이라고 끌어당기는 힘이 없겠느냐는 캉유웨이의 발언을 기억하자.

하지만 캉유웨이가 놓치고 있는 점이 하나 있다. 그것은 자석이 끌어당기는 것은 서로 다른 극 사이에서라는 점이다. 자석은 같은 극끼리는 밀어 낼 뿐이다. N극과 S극이 서로를 끌어당기는 것은 차이에서 비롯된다. 차이를 생산하는 것 그 속에서만 순환이 있고, 끌림 역시 가능하다. 그런 점에서 니체의 지적을 음미하는 것은 더 없이 좋은 예가 될 것이다. "쇠붙이가 자석에게 이렇게 말한 일이 있다. '난 너를 더없이 미워한다. 너는 잡아당기긴 하면서도 이미 잡은 것을 놓지 않을 만큼 강하지는 못하기 때문이다.'" 따라서 인력과 척력이 동시에 존재하지 않는 한 인력은 파괴적인 것으로 작동한다. 사랑은 단순히 끌어당기는 힘만으로 작동할 때가 아니라 상대를 떠나 보낼 수 있을 때 오히려 더 강력하다는 사실!

그렇기 때문에 우리는 경계의 철폐를 중심으로의 동화라고 생각하는 것을 넘어서야 한다. 즉, 주변이 사라진다고 해서 모두 중심이 되는 것은 아니다. 우리가 중심으로 편입된다고 해서 그중심과 주변의 구도는 깨지지 않는다. 즉 중심과 주변의 차이를 없애는 것이 경계를 없애는 것은 아니다. 오히려 중심을 많이 만드는 것, 다중심의 세계로 만드는 것이 중심과 주변의 경계들을 철폐하는 방법이라고 할 수 있을 것이다.

공(호)으로서의 경계

그런 점에서 진정한 자기 구원, 세계 구원이라는 것은 있는 경계를 없애는 것이 아니라 경계 속에서 진정으로 자유로워지는 것이다. 당시 중국의 근대에서 현실을 개혁하고자 하는 이들 사상의 밑바탕에는 불교가 있었다. 서구의 방식도 아닌, 전통의 방식도 아닌 새로운 무기가 필요했을 때 불교가 보여 주는 경계 없음의 사유, 평등의 사유는 당대 지식인들에게 새로운 희망의 불빛이었다. 캉유웨이가 세상의 모든 고통의 원인을 경계에서 찾고, 이를 구원하기 위해 경계의 철폐를 이야기한 것 역시 불교적 사유에서 비롯된 바가 컸을 것이다. 그러나 그가 경계에서 자유로울 수 있는 방법을 이야기할 때 그는 자신이 문제 삼던 서구의 동화의 원리로 다시 또 포섭되고 만다. 서구의 동화 원리가 대내외적 팽창 과정에서 보여 준 것과 같이 타자를 제압하고 포섭하고자 하는 원리라고 한다면, 캉유웨이는 약자가 강자가 되는 방식으로 문제를 해결하려 했다. 방향은 반대지만 동화의 방식 자체는 동일하게 작동하고 있었다.

캉유웨이는 눈앞에 보이는 경계의 유무에만 집착, 차이를 없애는 방향으로 나아갔다. 그러나 척도 없음의 사유는 단순히 있는 경계를 없애 버리는 것이 아니다. 그것은 누차 말했듯이, 그 경계들을 자유로이 넘나들 수 있는 사유, 변화의 능력이라고 말할 수 있을 것이다. 그럴 때만이 우리는 기존의 자장에서 벗어날 수 있다. 그러나 캉유웨이는 경계를 철폐하고자 하면서 또다시 근대의 동화의 논리에 포섭된다. 근대를 넘어서려 했으나 다시 근대의 논리에 포섭되는 자기모순!

따라서 경계를 뛰어넘기 위해서는 경계가 무의미함을 깨닫는 것으로부터 시작하지 않으면 안 된다. 이를 불교 식으로 말하자면 경계의 공성空性을 깨닫는 것이라 할 수 있다. 요컨대 경계를 철폐한다고 할 때 이는 단지 있는 경계를 없애는, 즉 유有와 대비되는 의미에서 무無로서의 사유가 아닌 것이다. 오해를 피하기 위해서 유와 무를 조금 더 설명하고 넘어 갈 필요가 있다. 무를 단지 nothingness와 같은 것으로 이해할 때, 이를 단지 사물thing의 결여 혹은 부재no로 생각하기 쉽다. 그러나 오히려 '무'란 '유'의 결여태로서 소극적인 개념이 아니라, 유를 만들어 내는 근원으로서 능동적인 개념이다.

즉 '무'란 형상이 없다는 차원이 아니라, 형상의 근원이 비어 있음을 의미한다. 따라서 이는 요즘 우리가 이해하는 용어로 보자면 공空의 논리와 더 가깝다. 이때 공은 유의 반대로서가 아니라, 그 자체가 비어 있다는 점에서, 실체가 없다는 말이다. 때문에 경계가 만들어 내는 그 척도가 없다는 편이 무의 의미에 좀더 가깝다. 예를 들자면 나와 남을 분리하는 경계를 없애는 차원이 아니라, 나와 남이 서로 자기를 잃어버리고 침투해 들어가 서로 녹아서 하나가 되어 있는 듯한 상태이다. 그리고 그때야말로 경계가 무의미해지는 경계의 공성을 깨닫는 순간이자 경계가 사라지는 순간이다.

캉유웨이가 말하는 가족이나 국가, 인종의 경계로 이야기하자면 경계의 공성이란 눈에 보이는 경계들을 없애는 것이 아니다. 가족주의, 국가주의, 인종주의에 사로잡히지 않은 채 그 경계가 갖는 동일자의 논리에 반하는 새로운 질서를 꿈꾼다면 이들이야말로 경계의 무의미함을 몸소 실천하고 있는 것일지도 모른다.

여기서 다시 한 번 사랑의 예를 드는 것이 적절할지도 모르겠다. 사랑이란 어느 한 사람을 동화시켜 나의 영역으로 흡수하는 것도 아니고, 나와 너의 경계를 무너뜨려 평등한 관계를 만들어 내는 것도 아니다. 오히려 사랑이란 매혹과 같은 것으로, 나와 너라는 경계를 인식하지 못하는 상태이다. 이러한 자연스러운 이끌림 속에서 나와 너 사이의 경계가 허물어지고, 내가 너가 되고, 너가 내가 되는 경험이다. 이는 어떤 결단이나 결정에서 시작하는 것이 아니라 질병처럼 찾아오는 것이자, 나의 동일성을 깨는 무기로서 자신도 모르게 휘말려 들어가 버리는 것이다.

사람들 간의 사랑, 그 어쩔 수 없는 끌어당기는 힘이 바로 불인지심不忍之心이다. 사랑할 때 누구나 느껴보았듯, 나와 너의 경계가 사라진다. 그 혹은 그녀의 슬픔이 나의 슬픔이 되고, 부모 혹은 자식의 기쁨이 나의 기쁨이 된다. 여기서 개체 간의 경계는 사라지고 우리가 탄생한다. 특수를 넘어 보편이 성립하는 것이다. 사랑은 그렇게 경계를 없애 버린다.

그러나 현실에서의 사랑이 좁게만 이루어지는 까닭은 무엇일까? 그 것은 싹이 있지만 그것을 키워 내지는 못한 탓이다. 그렇기 때문에 그 싹에 물도 주고, 거름도 주고, 햇볕도 잘 쬐어 주어 제대로 키워 내는 일 이 필요하다. 요컨대 누구나 다 사랑하는 마음을 가지고 있음에도 불구 하고, 그 시작을 제대로 발현시키지 못하기 때문에 제대로 크지 못하는 것이다. 캉유웨이는 경계가 그것을 막고 있기 때문이라고 보았다. 경계 가 없어야 사랑이 가능하다고 본 것이다. 그러나 경계가 사라져야 사랑 이 가능한 것이 아니라, 경계란 사랑이 발동하는 그 순간 사라지는 것이 다. 진정한 사랑은 경계를 뛰어넘어 사랑을 하는 순간 경계를 무화시키 는 힘을 갖는다. 그것이야말로 사랑이다.

물론 이러한 사랑, 끌림을 막는 경계의 엄혹함을 무시하는 것은 아니 다. 캉유웨이가 보았던 것은 이러한 경계의 엄혹함, 그 경계가 내뿜는 힘이었다. 이를 사랑으로 극복하자는 말은 어쩌면 사치일 수 있다. 인종 간의 차이를 넘어 사랑하는 사람들이 있다고 하자. 이들에게 진정한 사 랑만 있으면 그깟 인종차라는 장애물은 아무것도 아니라고 천진난만 하게 말할 수 있을까? 경계를 철폐함으로써 진정한 끌어당기는 힘이 온 세계에 넘쳐 나는 세상을 만들 수 있다는 것, 그것이 캉유웨이가 그렸던 세상이고, 그 점에서 그는 옳았다. 그러나 동시에 그 점에서 그는 반만 옳았다. 경계를 없앤다고 해서 진정으로 끌어당기는 힘이 자연적으로 넘쳐나는 세상이 올 수는 없기 때문이다. 오히려 그것이야말로 낭만적 희망에 그칠 수밖에 없는 것이 아닐까?

경계에서 자유롭다고 생각한 순간 또다시 우리는 어느새 경계에 사로잡혀 버리기 쉽다. 따라서 늘 경계를 해체하고, 만들고, 또 부수어 버리는 일을 반복하지 않으면, 언제고 경계라는 벽이 작동할 수밖에 없다. 그렇다면 이런 반복 속에서만 경계는 진정으로 사라지는 것이 아닐까?

그럼에도 다시 대동으로

흔히들 유토피아의 시대는 끝났다고 한다. 역사는 더 이상 진보하지 않고, 우리가 도달해야 할 어떤 지점이 있는 것도 아니라고 말한다. 그것은 이미 많은 이들이 시도했으나 실패한 꿈일 뿐이라고. 아니, 유토피아라는 것은 필연적으로 디스토피아로 빠질 수밖에 없다고. 하지만 이러한 이유들이 우리가 희망을 품지 못할 근거가 될 수는 없다. 아니, 어쩌면 그렇기 때문에 유토피아는 언제나 새롭게 쓰여져야 하고, 새롭게 구성되어야 하는 것인지도 모른다.

따라서 '대동'大同이라는 설계도를 자세히 들여다볼 때, 우리는 새로운 설계도를 그릴 수도 있고, 그 설계도가 갖는 오류를 발견할 수도 있다. 물론 어떤 하나의 설계도가 진리에 이르는 길임을 단언해서는 안 된다. 오히려 각자가 꿈꾸는 설계도와 그 청사진들 속에서 우리는 각자가 어떤 그림들을 그려 낼 수 있을지를 고민해야 한다. 우리는 결국 각자 유토피아를 찾는 과정 속에서 살고 있을지 모른다. "천 개의 눈, 천 개의 길"이 있을 뿐이다. 그 길을 찾는 속에서 우리들은 만나고, 그 속에서만 유토피아는 존재할 뿐이다.

유토피아란 원래 말의 어원에서도 볼 수 있듯이 없는ou 장소topos를 의미한다. 즉, '어디에도 없는 장소'no where가 유토피아라는 것이다. 이때 유토피아는 결국 불가능한 장소로 생각된다. 현실에서는 가능하지 않은 곳, 꿈에서만 그릴 수 있는 곳이라는 의미다. 그러나 어디에도 없는 장소라는 것을, 유토피아란 '장소'가 아니라 그 장소로 가는 '길'을 가리킨다고도 해석할 수 있지 않을까? 따라서 고정된 장소로서의 유토피아란 없다. 그 순간 그것은 다시 유토피아이길 멈춘다. 그렇다면 장소없음은 고정된 유토피아는 없다는 의미에서 맞는 말이다. 그러나 장소없음이 유토피아의 불가능성을 이야기한다면 그 말은 틀렸다.

그런 점에서 '어디에도 없는 장소'no where는 '지금 여기'now here의 다른 말이기도 하다는 것 역시, 지금 여기에서 어디에도 없는 장소로 가는 길로 해석할 수 있지 않을까? 즉, 유토피아란 비-장소u-topia가 아닌 현재를 넘어서는-장소로서의 유토피아로, 그리고 공상이 아니라 미래를 바로 '지금, 여기'now here로 가지고 오는 새로운 상상력을 의미한다.

그리고 그런 상상력은 우리를 익숙한 것들로부터 해방시키는, 또한 무능력과 무기력에서 벗어나 현실을 다시 한 번 사유할 수 있게 해주는 원동력이 될 수 있을 것이다. 그런 점에서 캉유웨이의 『대동서』를 다시 읽는 것은 단지 현실에서 실패한 어느 한 지식인의 허무맹랑한 이야기를 읽는 것이 아니라, 지금, 여기의 우리를 다시 한 번 사유케 하고, 새로운 실험을 가능케 하는, 그럼으로써 또 다른 장소를 상상할 수 있게 하는 무기를 얻기 위함이다.

서구 중심주의, 근대주의의 문제가 해결되었다고 누구도 쉽게 단언할 수 없으리라. 지금은 자유민주주의, 자본주의라는 이름으로 다시 반복되고 있으니. 그에 조금이라도 어긋나는 흐름들은 기껏해야 실패한 과거의 반복쯤으로, 아니면 실패할 수밖에 없는 몽상으로 치부된다. 아무리 해도 바뀌지 않는다는 체념 혹은 냉소라는 이데올로기! 그러나 이를 넘어선 꿈들을 찾아 나서는 길에서 방황하더라도 불안해하거나 초조해할 필요는 없다. 그것이 바로 운동이고, 혁명이다. 아니 그렇게 거창하게 말할 필요도 없이 그것이 삶이다.

마지막으로 철학과 철학자에 대해 얘기해 보며 마무리짓는 것도 좋을 듯하다. 철학은 단지 주어진 문제를 푸는 것이 아니라 새로운 문제를 발견하고 구성하는 것이다. 그리고 철학자란 그동안의 사유 틀 속에서는 가려졌던, 생각지 못했던 이야기를 수면 위로 끄집어내는 자이며, 그렇게 미래를 과거와 다르게 만드는 자이다. 이때의 미래란 단순히 현재의 연장이 아니다. 철학자를 반反시대적이라고 말할 수 있다면 그것은 단순히 오늘의 연장으로서의 내일이 아니라, 새로운 오늘을 만들어 내는 자이기 때문일 것이다. 그렇게 철학자는 시대를 뛰어넘는다.

이런 의미에서 보자면, '좋은' 국가와 '좋은' 가족을 찾으려 하기보다 '국가'와 '가족'이 무엇인지 묻고 그 경계를 뛰어넘고자 한 점에서, 본질적인 '가치'에 대한 문제제기를 했다는 점에서, 캉유웨이의 작업은 철학적인 것이었다고 할 수 있지 않을까.

그리고 사유란 일종의 실험이며, 이는 단지 성공이나 실패의 차원에서 말해질 수 없는 것이라면, 그렇다면 캉유웨이의 사상 역시 그것이 실패했음을 이유로 묻어 버릴 수는 없는 게 아닐까. "지금까지 철학자들은 세계를 해석해 왔을 뿐이다. 그러나 진정 중요한 것은 세계를 변혁하는 것이다"라는 마르크스의 말에 기대어 보자면, 캉유웨이의 철학·사상은 당대 삶의 고통의 원인을 찾고 해석하는 데서 나아가 세계를 바꾸기 위한 주문이었다고 할 수 있다.

또한 그 세계의 변혁이 어느 지점에서 완성되는 것이 아니라 계속해서 그어지는 경계를 넘나들며 경계를 무화無化시켜 가는 것이라면, 우리역시 캉유웨이의 사상 속에서 또 우리의 현실 속에서 나름의 또 다른 '대동서'를 계속해서 써 나갈 필요가 있다. 그것은 실패를 거듭하는 과정 속에서 어떤 희망의 원리를 찾아 나가는 작업으로, 충족되지 않은 꿈으로서의 유토피아가 아니라, 현실의 모순들과 부단히 충돌함으로써 생성해 나가는 세계로서 유토피아를 꿈꾸고 만들어 내는 작업이 될 것이다.

그리고 이것이 바로 우리가 캉유웨이의 『대동서』를 읽는 이유이다. 모든 경계를 철폐하라는 것, 지금까지 주어진 경계들에서 자유로워지라는 것, 경계들을 수동적으로 받아들이는 것이 아니라 적극적으로 철폐하라는 것. 이 급진성과 상상력이 아마도 캉유웨이 자신 역시『대동서』의 출판을 꺼리면서 "대동을 말한다면 세상을 홍수와 맹수의 위험에 빠지게 하는 것"이라고 말한 이유이기도 할 것이다.

앞서 말했듯 고정된 장소로서의 유토피아가 있는 것이 아니라 그곳을 향해 가는 '길', 그 자체가 유토피아라고 한다면, 우리가 모든 경계가 사라진 세계를 꿈꾸며 경계를 허물어뜨려 가며 걷는 그 길 위에서, 우리는 이미 유토피아를 저마다 엿보고 혹은 만들고 혹은 살고 있는지도 모르겠다.

캉유웨이는 딸과 함께 인도 다질링 근처 산을 거닐면서 자신의 사상과 유토피아 문학이념을 융합시켰다. 어찌 보면 이국적 공간이 주는 새로움이 지금과는 다른 장소를 꿈꾸게 한 것일지도 모른다. 그의 사상을 추적해 보면 1840년에 출판된 에티엔 카베Etienne Cabet의 『이카리아 여행기』Voyage to Icaria, 1885년에 중국어로 번역된 존 프레어John Freyer의 『정부에 대한 소박한 제언』Homely Words to aid Government, 1888년에 미국에서 출판되고 1892년에 중국어로 번역된 에드워드 벨라미Edward Bellamy의 『뒤를 돌아보며 : 2000~1887』Looking Backward: 2000~1887(이하 『뒤를 돌아보며』로 표기) 같은 책들의 흔적을 발견할 수 있다. 당시 유행했던 유토피아 소설들이 캉유웨이의 대동세계 구상에도 많은 영향을 끼쳤던 것이다.

특히 벨라미의 책은 당시 전 세계를 통해 백만 권 이상 판매되었고, 이 책의 출간 이후 1900년까지 미국에서만 46편의 유토피아 소설이 쏟아져 나왔다. 그만큼 당시는 '유토피아의 시대'라 불릴 만한 시기였다. 당시 중국에서도 벨라미의 『뒤를 돌아보며』가 번역되어 『만국공보』에 '백년일각'百年一覺이란 이름으로 연재되었다.

'유토피아'utopia 하면 가장 먼저 떠오르는 것은 아무래도 토머스 모어Thomas More의 『유토피아』(1516)일 것이다. 물론 고대 플라톤의 이상국가론이나 중세 단테의『신곡』의 예에서처럼 기독교적 세계의 이상향이 이야기된 적이 있었지만, 본격적으로 유토피아가 이야기된 것은 토머스 모어부터라고 할 수 있다. 유토피아라는 용어는 모어가 만든 조어로, 희랍어 eu(좋은)와 ou(없는)라는 접두어와 topos(장소)라는 명사의 합성어이다. 흔히 후자의 현실에 없는 장소라는 의미에서 outopos의 의미로만 알지만, 좋은 장소라는 의미인 eutopos의 뜻도 동시에 가지고 있다. 이처럼 좋은 장소이자 없는 장소, 즉 '좋지만 없는' 장소라는 것은 '있기에는 너무나 좋은 장소'라는 의미로 쓰여 왔기 때문에 현실에서는 불가능한 장소로 여겨져 왔다. 하지만 그 어원에서도 알 수 있듯이 유토피아는 불가능성의 의미뿐 아니라 희망의 장소라는 의미를 동시에 가지고 있다. 현실에서 '부재'하지만 그것은 실현 불가능하다는 의미가 아니라 잠재적으로 우리의 삶에 희망으로서 '존재'하기 때문이다.

토머스 모어도 유토피아의 이중성에 대해 알았다.『유토피아』는 모어가 라파엘 히슬로다에우스라는 지인으로부터 듣게 된 어느 섬에 대한 이야기로 둘의 대화를 통해 작품이 구성된다. 그런데 이 히슬로다에우스Hythlodaeus라는 이름 자체가 그리스어로 '농담의 명수' 혹은 '넌센스의 전문가'라는 뜻을 가진 복합어이다. 게다가 모어는 결론에서 히슬로다에우스가 설명한 유토피아에 대해서도 선뜻 동의하지는 않는다. 그래서 유토피아를 통해 모어가 이야기하려 했던 바가 진정한 유토피아에 관한 것이었는지, 이를 비판하고자 쓴 것이었는지에 대해서 이견들이 있다. 이 책이 "그의 학식이나 경험을 의심하지는 않지만 그가 말한 모든 것에 동의할 수는 없다. 그와 다시 만나기 전까지 동의는 유보하고 싶다. 그러나 나는 유토피아 사회에는 내가 희망하는 여러 측면이 있음을 서슴없이 인정하지만, 우리 사회에서 그것을 채택하리라고는 기대할 수 없다" **토머스 모어, 『유토피아』, 박홍규 옮김, 지만지, 2008, 134쪽** 라고 끝맺고 있음은, 유토피아를 희망의 장소와 불가능성의 장소라는 이중의 의미로 나타내고자 했던 토머스 모어의 의도가 담겨 있는 것으로 보인다.

하지만 『유토피아』는 단순히 공상적인 세계를 그리는 것이 아니라, 현실 영국사회에 대한 통렬한 비판이기도 했다. 『유토피아』의 원래 제목이 '최선의 국가상태에 관하여, 그리고 유토피아라고 불리는 새로운 섬에 대한 유익하고 즐거운 저작'이라는 점에서 알 수 있듯이, 이 책은 이상세계에 대한 공상소설이자 동시에 적극적인 현실 사회비판서이다. 초월론적 유토피아가 아무런 현실에도 기반하지 않고 구상된다면 내재적 혹은 비판적 유토피아라고 하는 것은 현실과의 긴장관계 속에서만 등장한다. 당시 영국에는 걸인이 넘쳐났고, 빈부간의 격차는 점점 커져 갔으며, 전쟁이 끊이지 않았다. 이를 비판하고 새로운 세상을 꿈꾸는 사람이 토머스 모어만은 아니었을 것이다.

유토피아 사람들이 사는 섬은 폭이 200마일 정도로, 안전한 항로가 어딘지는 유토피아 사람들만 알기 때문에 외국 배가 쉽게 들어올 수 없는 곳에 위치하고 있다. 54개의 자치도시로 구성되고, 주민이 직접 뽑은 대표가 정치를 담당한다. 모든 사람이 노동을 하므로 노동시간이 짧아져 오전과 오후에 3시간씩 모두 6시간 노동하고, 8시간 수면을 취하며, 나머지 시간에는 자유로이, 주로 지적 추구에 시간을 쓴다. 6시간만 노동을 해도 그동안 노동하지 않았던 여성이나 지주들도 노동하기 때문에 생활필수품이 부족하지 않다. 이렇게 생산된 물건들은 각 가구의 최고령자가 필요에 따라 가지고 가서 사용하면 될 뿐이다. 모든 물건이 풍족하기 때문에 필요 이상으로 가져가려 하지 않는다. 도시의 집 역시 사유가 아니므로 누구나 드나들 수 있고, 10년마다 집을 서로 바꾸며, 식사를 비롯하여 여러 가지 일을 공동으로 한다. 유토피아에는 법률이 거의 없고, 법률가도 존재하지 않으며, 형벌도 노동형에 국한된다. 공동생산과 공동소유를 바탕으로 한 금욕적 사회모델인 유토피아는 '아무도 무엇 하나 가진 것은 없지만, 누구를 막론하고 부자인' 세계다.

모든 것이 모두의 것인 유토피아에서는 공동창고가 언제나 가득 차는 한, 누구도 개인의 필수품이 부족하게 되리라고는 생각하지 않습니다. 그곳에서는 모두 공정하게 분배받고, 따라서 빈민이나 거지가 없습니다. 모두가 아무것도 소유하지 않지만 모두 풍요합니다. 왜냐하면 즐거움, 마음의 평화, 걱정으로부터의 자유보다 더 소중한 재산이 있을 수 없기 때문입니다.

『유토피아』, 125쪽

물론『유토피아』에서는 모두 같은 종류의 옷을 입고, 여행을 다닐 때도 허가를 맡아야 하는 등 전체주의적 냄새도 풍기며, 내용상 앞뒤가 안 맞는 부분도 있다. 뿐만 아니라 모어 본인이『유토피아』의 내용과는 달리 책이 발간된 지 몇 년 후 독일에서 농민전쟁이 터지자 농민들 편이 아니라 기존 국가들을 지지했고, 공동소유가 아니라 사유재산제를 옹호했다는 비판도 있다. 하지만 그가 유토피아를 이야기한 후, 새로운 세계에 대한 이미지는 때로는 위험한 상상력으로, 때로는 현실에 대한 비판의식으로 사람들의 마음속에 전해 내려져 왔다.

모어의 책이 나온 지 100여 년 후 프랜시스 베이컨Francis Bacon의『새로운 아틀란티스』The New Atlantis(1627) 역시 주목받아 온 유토피아에 관한 텍스트다. 이 작품은 다음과 같이 시작한다.

중국과 일본을 향해 페루에서 출항한 우리는 남태평양의 물살을 가르면서 일 년 동안 항해를 계속했다. …… 그런데 갑작스레 바람의 방향이 뒤바뀌더니 며칠 동안 서풍이 불어오는지라 더 이상 앞으로 나아갈 수가 없었다. 차라리 뱃머리를 돌릴까 하는 생각도 했다. 그러던 차에 남쪽에서 거대한 바람이 몰려와 동쪽으로 불어닥치는 것이었다. 이에 맞서 싸우기도 했지만, 어느새 우리 배는 바람에 떠밀려 북쪽으로 항해하고 있었다. …… 죽음을 각오할 수밖에 없었다. 그러나 낙담치 않고 우리는 소리를 높여 저 하늘에 계신 하나님께 기도를 올렸다. 어둠의 혼돈 속에서도 기적을 행하시는 하나님, 태초 시커먼 어둠이 배회하는 수면에 마른땅을 마련하신 하나님이신지라, 우리를 포기하지 않으시고 무사히 육지에 상륙하도록 은총을 베풀리라 생각했던 것이다. 그러자 정말 예상치 않은 일이 일어났다. 프랜시스 베이컨, 『새로운 아틀란티스』, 김종갑 옮김, 에코리브르, 2002, 11~12쪽

그들이 도착한 곳은 벤살렘이라는 섬이었다. 지난 36년간 외부의 방문객이 없었을뿐더러, 섬 밖으로 나가는 주민들에게 비밀을 철저히 지키도록 법으로 정해 놓고 있는 탓에 이 섬은 외부세계에는 잘 알려지지 않은 미지의 땅으로 상정된다. 이러한 유토피아는 르네상스 시기의 지리적 발견과 영향이 있을 것이다. 미지의 세계에 대한 환상은 유토피아에 대한 사람들의 호기심을 부추겼다. 토머스 모어의 유토피아와 베이컨의 아틀란티스가 미지의 섬으로 그려진 데는 이러한 분위기가 영향을 끼쳤다.

그러나 모어의 유토피아가 도덕적·금욕적 사회라면, 베이컨의 아틀란티스는 조금 다르다. 베이컨의 주저인 『신기관』은 아리스토텔레스의 논리학에 대항하는 새로운 논리학, 새로운 학문 방법을 뜻한다. 이때 그가 말하는 새로운 학문은 귀납법이었다. 개별적 사례들을 통해 일반적 명제를 이끌어 내는 관찰이나 실험을 기반으로 하는 학문만이 새로운 지식을 창출해 낼 수 있다는 믿음이었다.

『새로운 아틀란티스』에서 역시 지식에 대한 희망은 대단하다. 아틀

란티스에서 가장 존경받는 인물 역시 과학자이다. 솔로몬 학술원 회원이 한 번 행차할라치면 온 도시가 숨을 죽이며 침을 삼킬 정도로 그의 위세가 대단했으며, 그가 탄 수레는 온갖 진귀한 귀금속으로 화려하게 장식되었다. 그가 온갖 동식물들을 교배해 새로운 생물들을 만들어 내는 장면은 인간의 지식 증가에 대한 낙관이 어디까지 갈 수 있는지를 보여 준다.

온갖 종류의 짐승과 새들이 있는 공원도 있습니다. 희귀한 동물을 보고자 하는 목적도 있지만, 이들을 해부하고 실험해서 인간 육체의 비밀을 밝히는 도구로 사용하는 데 더욱 큰 목적이 있습니다. 실험을 통해서 우리는 귀중한 결과를 얻습니다. 동물의 중요 부위가 어떻게 생명을 유지하고 죽음에 이르는지에 대해 많은 지식을 얻었습니다. 이를테면 언뜻 보기에 죽어 있는 듯한 부분을 재생하는 방법도 우리는 알고 있습니다. 이들 동물들에게 실험적으로 독약이나 약을 투여하며 해부를 하기도 합니다. 그 결과 우리는 동물을 원래보다 크게 만들거나 작게 만들 뿐만 아니라 성장을 멈추게 하는 방법도 터득했습니다. 천연의 종보다 더욱 왕성하게 번식하도록 만들 수도, 아니면 아예 번식하지 못하도록 불임으로 만들어 놓을 수도 있습니다. 물론 동물의 피부색이나, 모양, 활동양식을 자유자재로 바꾸어 놓을 수도 있습니다. 서로 다른 종의 동물들을 교배하여 새로운 종의 동물을 얻기도 합니다. 이들 새로운 종은 계속해서 번식할 수 있습니다. 이런 방법으로 우리는 새로운 종류의 뱀이나 벌레, 파리, 물고기 등을 만들었습니다.

프랜시스 베이컨, 『새로운 아틀란티스』, 76~77쪽

16세기 당시 르네상스는 과학혁명의 시대였다. 이 시기를 전후해 코페르니쿠스, 베살리우스, 갈릴레오, 하비 등 기존의 학설을 뒤집는 새로운 논리들이 쏟아졌고, 과학의 패러다임은 급변했다. 베이컨이 이 논의들을 다 알고 있지는 못했을지라도, 이러한 시대적 분위기 속에서 유토피아의 가능성을 보았을 것이다. 반면 성직자이자 인문학자였던 토머스 모어는 과학이나 물질보다 인간의 도덕적인 것에서 무언가를 찾으려 했다. 모어에게 결국 기술은 문명의 진보를 가지고 오는 것이 아니라, 불평등과 갈등을 일으킬 뿐인 것으로, 인간의 행복이 이에 달려 있다고 보지 않았다. 반면 베이컨의 새로운 아틀란티스는 풍요의 왕국이며 물질문명의 왕국이었다. 그리고 이는 지식의 왕국이자, 과학의 왕국이기도 했다.

이러한 르네상스 시기의 유토피아가 먼 이국의 풍경이었다면, 17~18세기에는 외부의 섬이라는 피난처가 아니라 산업적 유토피아의 세계가 등장한다. 로버트 오언, 생시몽, 푸리에 같은 유토피언 사회주의자들은 프랑스혁명 이후 사회개혁의 꿈을 가지고 여러 가지 유토피아적 모델을 기획하였다. 물론 마르크스와 엥겔스는 유토피아적 사회주의를 자신들의 과학적 사회주의와 구별하며 이들을 비판한다. 단지 선량한 감정만으로는 과학이 될 수 없다는 것이었다. 결국 유토피아적 사회주의란 이론과 실천의 괴리로 인해 역사적 이행 가능성을 부정하게 된다고 보았다. 그러나 부르주아지 대 프롤레타리아트라는 계급투쟁이 아니라는 이유만으로 폄하될 수 없는 부분 역시 존재한다. 마르크스가 말하고자 했던 바가 노동계급의 권력 탈취가 아니라, 결국 노동에서 소외된 이들이 어떠한 방식으로 새로운 삶을 구성할 것인가라는 문제였다면, 이들이 꿈꾸었던 유토피아 역시 마찬가지라 할 수 있다.

대표적으로 푸리에Charles Fourier는 팔랑주phalange를 만들어 이를 해결하고자 했다. 팔랑주는 원래 고대 그리스 보병들의 전투 대형을 일컫는 말로, 1,500~1,600명 정도로 구성된 조화로운 공동체이다. 여기서는 더 이상 혈연관계나 지배-피지배 관계는 존재하지 않으며, 개인세대나 일부일처제는 폐지된다. 이들이 모여 사는 거대한 건물인 팔랑스테르는 4층 정도의 건물로 새가 날개를 펼친 것 같은 모습이다. 크게 물질, 사회, 지성의 영역으로 나뉘는데 작업장과 산업회관, 도서관이 각각 이에 해당한다. 이외에도 중앙에는 공공활동을 위한 설비인 식당과 응접실, 거대한 집회소가 있으며, 한쪽 날개 끝에는 노래, 음악, 시, 춤, 체육, 그림 등을 할 수 있는 물질적 조화의 신전이, 다른 날개 끝에는 인간이 우주와 일체가 되기 위해 적절한 의식을 하는 통합의 신전이 위치한다. 또한 신전의 꼭대기에는 다른 팔랑주와 통신을 위한 탑이 비치된 천문대가 있다.

그는 '마음에 끌리는 노동', 즐거운 노동만이 당시의 노동문제를 해결할 수 있다고 믿었다. 푸리에는 인간은 기본적으로 건강과 부에 대한 자연적 욕구, 연대적 집단을 형성하고자 하는 욕구, 이러한 집단이 함께 모이고 서로 접근하려는 욕구와 같은 세 가지 욕구를 가지고 있다고 보았다. 이러한 정념을 이루어질 수 있게 하는 것이 팔랑주의 노동공동체였다. 협동과 경쟁의 관계 속에서 정념에 따르는 노동이 가능할 수 있는 것이다. 팔랑주에서는 임금제도가 사라지고, 각자의 노동활동을 통해 생산된 가치는 배당금을 통해 분배받는다. 노동, 자본, 재능의 공헌이 각각 5 : 4 : 3의 비율로 노동자, 자본, 능력과 자질의 몫으로 배당금이 할당되며, 최저수입제를 통해 기본적인 의식주를 제공한다.

물론 개인의 자율성과 집단생활을 조화시키고자 했던 그의 노력은 실현되지 못했지만 그의 사후 푸리에의 사상은 많은 나라에서 다양한 형태로 실험되었다. 콩시데랑이 1852년 미국 텍사스에 팔랑주 공동체 건설을 시도했고, 이후 그의 영향으로 미국에서만 30여 개의 팔랑주 건설이 시도되었다. 또한 1857년 프랑스 기즈에서 고댕이 세운 공동주택 단지도 1960년대까지 남아 있기도 했다. 그만큼 푸리에의 사상은 사회개혁가들에게 많은 영감을 주었고, 이상적 공동체를 이루기 위한 노력의 하나로 동원되었다.

이처럼 19세기는 가히 유토피아의 시대라 부를 만했다. 유토피아에 관한 소설들도 쏟아져 나왔다. 에티엔 카베의 작품 『이카리아 여행기』

는 노동계급 사이에서 베스트셀러가 되었다. 이카리아는 면적과 인구가 거의 같은 백 개의 도로 나누어진 나라로, 각 지역은 다시 열 개의 자치구로 나뉘고 모든 자치구도 이와 마찬가지로 또 나누어진다. 각 도의 수도는 그 중앙에 있고 자치구의 도시도 그 중앙에 있다. 이는 프랑스혁명을 통해 낡은 지역 구분과 도량형이 붕괴되고, 십진법에 따른 정확한 구획이 등장하게 된 것과 무관하지 않다. 이러한 정확한 구획과 분할의 세계는 이카리아의 곳곳에서 나타난다.

이카리아 사람들은 모두 아침 6시에 기상을 해서, 식당이나 공장에서 제공된 식사를 한다. 제공되는 모든 식품은 과학위원회가 규제하고, 식사를 마치면 여름에는 7시간, 겨울에는 6시간 노동을 한다. 공장에서 일하든 농장에서 일하든 노동시간은 누구에게나 같고, 생산물의 판매는 공공상점에 위탁된다. 이 모든 일을 국가가 관장하며, 심지어 어떤 옷을 입을지도 의복위원회가 사전에 결정한다. 이카리아 사람들은 모두 국가의 공무원으로, 식사, 노동, 복장, 수면 중 어느 것도 국가의 규제에서 벗어날 수 없다. 철저하게 계획되고 관리되는 사회에 대한 희망이 소설 속에 투사된다. 모든 사람이 모든 면에 있어서 절대적으로 평등해야 한다는 생각의 강조는 일상생활의 모든 부분을 공적인 방식으로 조직해야 한다는 꿈으로 이어진 것이었다.

당시 유행했던 소설 중에 에드워드 벨라미의 『뒤를 돌아보며』(1888)는 출판된 지 2년 만에 미국에서 39만 부, 영국에서 4만 부가 팔린 베스트셀러였다. 이 소설의 내용은 하찮은 통속소설처럼 보일 수 있다. 주인공 줄리우스 웨스트는 130년 만에 잠에서 깨어 2000년에 눈뜨게 된다. 그는 당시의 사회상, 특히 노동운동을 혐오하여 불면증에 걸렸는데, 치료를 위해 만난 의사의 최면술로 2000년까지 잠을 자게 된 것이다. 130년 만에 깨어난 그는 사회문제가 완전히 해결된 이상국가 미국의 시민이 된다. 이후 과거에 결혼하고 싶어했던 여성의 손녀와 연애가 이루어지면서 다시 1887년의 세계에서 눈을 뜨게 되는 내용이다.

『뒤를 돌아보며』에서 묘사되는 미래의 세계에서는 국가가 유일한 산업단위이고, 노동력 징용의 원리에 따라 산업에 봉사하는 것이 보편적 의무가 된다. 모든 국민은 산업군인으로 임금 차별 없이 1년에 4천 달러를 받으며, 누구나 45세까지 일해야 한다. 생산과 분배 역시 국가가 담당하며, 이를 총괄하는 산업군의 대장으로 미국의 대통령이 상정된다.

지난 세기 초에 마침내 국가가 전 자본을 통합함으로써 이런 진화가 완성되었습니다. 국가의 산업과 교역은 더 이상 무책임한 기업집단이나 변덕스러운 개인들의 이윤을 위한 기업연합에 맡겨지지 않고, 국민을 대표하는 단일한 신디케이트에 맡겨져서 공동의 이익을 위한 공동의 관심 속에서 운영되었습니다. 말하자면, 국가 조직이 하나의 거대한 기업체가 되어 모든 다른 기업을 흡수했습니다. 국가는 다른 모든 자본가를 대신하는 유일한 자본가, 유일한 고용주, 이전의 모든 소규모 독점기업들을 집어삼킨

최종적인 독점기업이 되어 이윤과 경제적 성과를 모든 시민과 나누어 가졌습니다. 에드워드 벨라미, 『뒤를 돌아보며』(이인식 쓰고 엮음, 『유토피아 이야기』, 갤리온, 2007, 233~234쪽에서 재인용)

이처럼 벨라미는 국내의 모든 자본을 통합한 국가가 단일 트러스트가 되어 산업을 통제하고 모든 노동을 조직, 관리하는 국가공산주의 형태의 이상사회를 구상했다. 그는 당대의 혼란에 대해 기계적인 관리조직으로 질서를 부여하고자 했으며 기술발전에 의한 생산력의 향상으로 실현될 평화롭고 풍요한 생활이 가능하리라 믿었다.

이처럼 토머스 모어부터 19세기 유토피아 소설까지의 역사 속에서 유토피아의 부정적인 모습을 끌어내기란 어려운 일이 아니다. 중앙집권적 절대국가, 획일적 규율, 과학만능주의 등 유토피아의 모습 속에 디스토피아가 겹쳐진다. 프로크루스테스의 침대처럼 인간의 몸에 맞게 침대를 만드는 것이 아니라, 침대에 맞게 인간의 다리를 잘라 버리는 사회로 비춰지는 것도 당연하다. 이런 점에서 모든 유토피아는 유토피아이면서 반유토피아이다. 하지만 유토피아는 다양한 방식으로 사람들에게 '희망의 원리'이자, 현실을 벗어날 수 있게 하는 동력이기도 했다.

가장 가까이 위치하고 있는 근친성 속으로 침투하기 위해서, 우리는 잘 연마되어 있는 유토피아의 의식이라는 아주 강력한 망원경을 필요로 한다.

그러므로 유토피아의 의식은 가장 직접적인 직접이다. 바로 이 속에는 인간의 존재 상태라든가 현존의 핵심이 도사리고 있으며, 세계의 비밀을 풀 수 있는 모든 매듭이 감추어져 있지 아니한가? **에른스트 블로흐, 「희망의 원리」 1, 박설호 옮김, 열린책들, 2004, 35~36쪽**

유토피아 의식은 우리에게 먼 장소를 살펴보는 망원경이지만, 세상과 멀리 떨어져 있는 사물을 파악하기 위한 것이 아니라, 오히려 가장 친근한 것에서 아직 아무도 밝혀 내지 못한 새로운 무엇을 찾아내려는 점에서 현미경이기도 하다. 그리고 블로흐의 말대로 "인간의 존재 상태의 핵심이 도사리고 있는" 곳이다. 그렇기 때문에 무수한 역사적 실패에도 불구하고 지금도 여전히 많은 이들이 유토피아에 대한 상상력에 마음이 끌리게 되는 것은 아닐까?

함께 읽으면 좋은 책들

캉유웨이를 좀더 알기 위해서는 그의 주변에 있던 사상가들과 당시의 사상사적 흐름을 이해할 필요가 있다. 여기서는 인물 위주로, 그리고 국내에서 출판된 책들을 중심으로 간단히 소개하기로 한다.

량치차오, 『중국 근대의 지식인』, 전인영 옮김, 혜안, 2005
이 책은 량치차오(梁啓超)의 『청대학술개론』을 번역한 책이다. 량치차오는 동아시아 지식인들에게 가장 영향력 있는 사상가 중 한 명이었으며, 학술적으로도 뛰어난 인물이었다. 이 책은 단순한 중국의 청대 학술사에 대한 일반적인 정리가 아니라, 그의 관점에서 중국 근대사상사를 재서술한 것이었다. 중국 근대사상계의 역사적 과정을 한눈에 볼 수 있는 책으로, 중국 근대사상가들에 대한 량치차오의 평가를 엿볼 수 있다. 량치차오의 책은 이외에도 『월남망국사』(태학사, 2007), 『이태리건국삼걸전』(지식의풍경, 2001) 등이 우리말로 번역되어 있다. 량치차오의 책들은 중국뿐만 아니라 당시 조선에서도 수차례 번역되어 많이 읽혔다. 이 책들을 통해 조선의 지식인들에 미친 사상적 영향 또한 찾아볼 수 있을 것이다. 량치차오의 사상에 대한 개설서로는 이혜경, 『천하관과 근대화론: 양계초를 중심으로』(문학과지성사, 2002)와 이혜경, 『량치차오: 문명과 유학에 얽힌 애증의 역사』(태학사, 2007) 등을 참고하면 좋다.

옌푸, 『천연론』(天演論), 양일모·이종민·강중기 역주, 소명출판, 2008

이 책은 옌푸(嚴復)가 영국의 생물학자 토머스 헉슬리(Thomas Henry Huxley)의 책 『진화와 윤리』(Evolution and Ethics)를 번역한 글이다. 그러나 내용의 단순한 번역이 아니라 의역과 그에 대한 해석들을 통한 다시 쓰기라고 봐도 무방할 정도다. 옌푸는 스펜서의 영향하에서 헉슬리의 논의를 취사선택하여 논의를 재구성하고 있으며, 당시 번역어가 부재한 상황하에서 사회진화론의 개념들을 자신의 언어로 번역해 냈다. 이 책을 통해 근대 동아시아 사상가들에게 엄청난 영향을 끼쳤던 사회진화론을 당시 중국의 지식인들이 어떻게 이해했는가를 엿볼 수 있다. 비단 사회진화론뿐만이 아니라 근대 동아시아 사상사가 어떻게 진행되었는가를 이해하기 위해서도 꼭 읽어야 할 책이다. 옌푸의 책은 그의 정치학 강의를 번역한 양일모 옮김, 『정치학이란 무엇인가: 중국의 근대적 정치학의 탄생』(성균관대학교출판부, 2009)이 번역되어 있으며, 옌푸의 사상에 대한 개설서로는 양일모, 『옌푸: 중국의 근대성과 서양사상』(태학사, 2008)이 있다. 또한 옌푸와 중국 근대의 대표적 연구가인 벤저민 슈워츠(Benjamin I. Schwartz)의 『부와 권력을 찾아서』(한길사, 2006)도 중국 근대사상사를 이해하기 위해서 빼놓을 수 없는 작품이다.

이명수, 『담사동 : 소통과 평등을 사유한 사상가』, 성균관대학교 출판부, 2010

탄쓰퉁(譚嗣同)의 저서가 국내에 전체적으로 번역 소개된 책은 없다. 이 책은 캉유웨이의 제자였지만 오히려 그보다 더 급진적으로 사상을 전개했던 그의 철학을 '인'(仁)이라는 개념을 통해 소통과 평등이라는 관점에서 소개하고 있다. 서양사상과 불교와 도교, 유교가 어우러져 새로운 사상이 만들어지고 있음을 확인할 수 있다. 책의 말미에는 그의 저서 『인학』(仁學) 등 그의 글들의 일부에 대한 원문과 번역문을 제공하고 있으니 참고하면 탄쓰퉁의 사상을 맛볼 수 있다.

김영진,『불교와 무의 근대 : 장타이옌의 불교와 중국근대혁명』, 그린비, 2012

장타이옌(章太炎)의 철학을 무(無)를 중심으로 풀어냈다. 선도 악도 함께 진화한다는 그만의 독특한 구분진화론을 소개하며, 오무론을 통해 정부도, 인류도, 세계도 없으며, 결국 자아도 없다는 독특한 혁명론을 제시한 장타이옌의 매력을 느낄 수 있다. 불교로서 근대를 넘어서려는 장타이옌의 철학을 개체와 윤리의 문제로 풀어낸 책이다. 장타이옌의 책은 조영래 역,『중국학개론』(지식을만드는지식, 2011)이 소개되어 있다.

이외에 중국사상사의 대가인 리쩌허우, 임춘성 옮김,『중국근대사상사론』(한길사, 2005)은 홍수전부터 루쉰까지 근대 중국의 사상가들에 대한 연구를 한데 모아 놓은 대작이며, 천샤오밍 외, 김영진 옮김,『근대 중국사상사 약론』(그린비, 2008)은 유학, 경학, 서학이라는 관점에서 중국 근대사상사의 맥락을 정리하고 있다. 이 두 책은 중국 근대사상사를 정리하기에 훌륭한 책들이다. 중국의 개념 수용과 번역과 관련해서는 페데리코 마시니, 이정재 옮김,『근대 중국의 언어와 역사』(소명출판, 2005)를 참고할 수 있고, 중국 근대사상사에서 불교가 차지하는 위상에 대해서는 김영진,『중국 근대사상과 불교』(그린비, 2007)를 참고할 필요가 있다. 입문서로는 조너선 스펜스의『현대 중국을 찾아서 1』(이산, 1998)과 화보와 사진을 통해 스케치하고 있는 문정진 외,『중국 근대의 풍경 : 화보와 사진으로 읽는 중국 근대의 기원』(그린비, 2008)을 참고하면 좋다.